イラストと会話ですっきり理解

IFRSで税理士業務はどう変わる？

税理士法人トラスト
公認会計士・税理士 **足立好幸** 著

清文社

はしがき

「IFRS が導入されると、会計事務所の業務はどう変わるのか？ あるいは、何も変わらないのか？」をまとめたのが本書となります。

具体的には本書をお読みいただき、次のことを知っていただきたい、というのが筆者の願いです。

① IFRS やコンバージェンスされた日本基準は、税法基準とどう違うのか？
② IFRS は、どういう会社に適用されるのか？
③ IFRS が導入されると、会計事務所の仕事が変わるのか？ 変わらないのか？
④ そして、我々、税理士はこれから何をすればいいのか？ あるいは何もしなくてもいいのか？

いま、会計の世界での一番のトピックは「IFRS」です。

新聞を見ると「IFRS」、会計専門誌はもちろんビジネス雑誌を見ても「IFRS」、吊革広告を見ると「IFRS」、本屋さんに行くと「IFRS」、セミナーの案内を見ると「IFRS」、システム会社に行くと「IFRS」、公認会計士と話をすると「IFRS」、クライアントと話をすると「IFRS」といった具合に、うんざりするくらい「IFRS」という言葉が散見されます。

会計に携わる方々にとっては、それほど「IFRS」の導入がインパクトのあることなのでしょう。

その一方で、会計に携わる者の代表でもある我々、税理士はどうでしょうか？

まず、私自身は、IFRS はまだ実際に導入されるかどうかも決まっていないし、2017 年以降なんて先を考えるほど余裕がなく、そもそも IFRS が適用される前に、「コンバージェンス」によって、ほとんどの日本会計基準は IFRS 化されているだろうから、IFRS が適用される頃には実務上の影響なんてなくなって

いるんじゃないか、などと本気で考えています。

　さらに、日本では、当初、2015年又は2016年にIFRSを上場会社に強制適用することを考えていましたが、金融庁は2011年6月からIFRSの導入延期を検討し始め、導入は早くとも2017年以降に延期されるとのことです。そして、日本に大きな影響を与えるアメリカでも近頃は、IFRS導入の動向が怪しくなってきているようです。

　そのような状況であるため、当初のIFRSブームと比べるとその熱が確実に冷めてきていると言え、私の考え方も確信に変わりつつあります。

　また、知り合いの税理士と話をしても「我々には関係ないよね。だって、関与先は上場していないしね」といった感じで興味がないというのが事実のようです。

　その一方で、確定決算主義や損金経理要件が示すとおり、税務が会計を基礎に成り立っていることを考えると、「税理士にまったくIFRSが関係ない」なんてことがあり得るのだろうか？　という疑念もあります。この疑念が払拭されない限り、胸を張ってIFRSは税理士業務に関係ない！　とは言えないなと思い始めました。つまり、IFRSが関係ないなら関係ないで、しっかりとした根拠がほしい、ということです。

　そこで、本書を執筆することにしました。これは私個人の必要から生じたものでもありますが、同じ立場である会計事務所の方々にも役立つ情報ではないかと考えております。

　そして、本書は、会計事務所の方がイメージしやすいように、会計事務所の所員を登場人物とした会話式、かつ、ストーリー形式で解説しています。また、IFRSが導入されると税理士業務がどう変わるのか？　あるいは変わらないのか？　を把握することが本書の目的であることを考えて、IFRSで定める会計上の取扱いについては必要最低限の説明にとどめております。

　また、筆者は一税理士であり、IFRSの専門家ではありません。また、本書はIFRSの専門書ではありません。したがって、IFRSによる会計上の取扱いの

詳細については、他のIFRSの専門書を参考にしてください。

　本書に記されている税務上の取扱いと会計上の取扱いは、あくまで個人的な見解であるため、個別具体の取引に適用する場合においては、取引の事実関係に基づいて、専門家、監査法人の意見も参考にしつつ慎重に検討することをお勧めいたします。

　最後に、金融機関のIFRS業務に携わる吉川裕樹氏、いつも執筆をサポートしてくれる上口真希氏、この本が出版される頃には（たぶん）寿退職をしているであろう辻琴子氏と、（たぶん）シンガポールに在住しているであろう山内真知子氏、皆さんがいなければ本書は発刊に至らなかったでしょう。ありがとうございました。

　また、本書を執筆する機会をいただき、企画から発行まで担当してくださった株式会社清文社の矢島祐治氏に深く感謝いたします。

2011年7月

税理士法人トラスト
公認会計士・税理士　足立　好幸

目次

はしがき

調査ファイル 1　なんかいろいろと騒いでますが、IFRSって何だろう。。。

はじめに　2
1. IFRSって何の略なの？　何て読むの？　4
2. IFRSって誰が何のために作っちゃったの？　4
3. IFRSって、どういうプロセスで作成されるの？　8
4. IFRSって、どんな種類の基準があるの？　9
5. IFRSには、どんな特徴があるの？　14
6. 世界統一の野望はどこまで実現しているの？　18
7. コンバージェンスとアドプションって何？　21

おわりに　24

調査ファイル 2　日本会計基準と税法基準はどこが違うの？

はじめに　26
1. 日本では、どういう財務会計があるの？　27
2. 法人税法における確定決算主義とは？　29
3. 適用される財務会計が異なる日本企業にはどんな種類があるの？　31
4. それぞれの財務会計に適用される会計基準にはどんなものがあるの？　32
5. 中小企業は、中小企業会計指針と税法基準のどっちを使っているの？　34
6. 企業会計基準とは（その1）〜減損会計〜　36
7. 企業会計基準とは（その2）〜資産除去債務〜　39
8. 企業会計基準とは（その3）〜リース会計基準〜　41
9. 企業会計基準とは（その4）〜金融商品会計（有価証券）〜　44
10. 企業会計基準とは（その5）〜金融商品会計（貸倒引当金）〜　46
11. 企業会計基準とは（その6）〜金融商品会計（ゴルフ会員権）〜　47
12. 企業会計基準とは（その7）〜研究開発費及びソフトウェア会計〜　48
13. 企業会計基準とは（その8）〜外貨建取引等会計〜　50
14. 企業会計基準とは（その9）〜退職給付会計〜　52
15. 企業会計基準とは（その10）〜工事契約〜　54
16. 企業会計基準とは（その11）〜ストック・オプション会計〜　58

17. 企業会計基準とは（その12）～税効果会計～　59
18. 企業会計基準とは（その13）～過年度遡及修正基準～　69
19. 企業会計基準とは（その14）～包括利益計算書～　74
20. 企業会計基準とは（その15）
　　～個別論点、注記、連結財務諸表、四半期財務諸表～　79
21. 中小企業会計指針はどのような会計処理が定められているの？　83
22. 企業会計基準 vs 中小企業会計指針 vs 税法基準
　　～どんな差異を別表四で調整するの？～　89
　　おわりに　94

調査ファイル 3　どういう関与先に IFRS は適用されちゃうの？

はじめに　96
1. そもそも連結財務諸表って何だ？　96
2. IFRS はどういう関与先に適用されるの？　99
3. 上場会社を担当している1号の場合　102
4. 上場会社の子会社を担当している3号の場合　105
5. 会社法上の大会社を担当している2号の場合　106
6. ベンチャー企業を担当している4号の場合　106
7. 中小企業を担当しているブラックの場合　106
　　おわりに　112

調査ファイル 4　関与先の財務諸表にどういう影響があるの？

はじめに　116
1. 物品の販売を行う製造業、卸売業～出荷基準から検収基準へ～　117
2. ガソリンや酒類を製造販売する会社
　　～ガソリン税、酒税部分の売上が純額表示で計上できない？～　122
3. 商社～代理店的売上は手数料のみ純額表示～　124
4. 百貨店、総合スーパー～消化仕入は総額表示から純額表示へ～　125
5. 不動産賃貸会社～空室リスクをともなわない転貸の売上は純額表示に～　127
6. カスタマー・ロイヤリティ・プログラムを提供している会社
　　～ポイント分は販売時に売上計上できない？～　127

7. 売上計上基準や純額表示に関する IFRS 流の会計処理が、日本の企業会計基準として採用される⁉ 130
8. 建設工事、ソフトウェア制作を行う会社
　　～再び工事完成基準へ戻すのか？～ 130
9. 不動産賃貸会社～賃貸用不動産は時価評価できる～ 131
10. 研究開発を行っている会社～研究費は費用計上、開発費は資産計上～ 132
11. 減価償却資産が多い会社～ IFRS 流の減価償却 VS 税法基準～ 135
12. オフバランスのリース資産が多い会社
　　～オペレーティング・リースもオンバランス？～ 140
13. 給与が高くて有休日数が多い会社
　　～有休をお金に換算する有給休暇引当金～ 145

　おわりに 146

調査ファイル 5　会計事務所の業務にどういう影響があるの？

　はじめに 148
1. 税務申告書の申告調整がより複雑に！
　　～会計と税務の乖離の把握がよりプロフェッショナル業務になる～ 148
2. 総額表示から純額表示で消費税の課税売上が変わるのか？ 157
3. 財務諸表の見方と記帳代行が変わる（その 1）
　　～近い将来、財務諸表の様式が少し変わる⁉ 157
4. 財務諸表の見方と記帳代行が変わる（その 2）
　　～遠い将来、財務諸表の様式が劇的に変わる⁉ 164
5. 財務諸表の見方と記帳代行が変わる（その 3）
　　～複数の固定資産台帳又は税務用の固定資産台帳を作成する⁉～ 175
6. 財務諸表の見方と記帳代行が変わる（その 4）
　　～リース資産台帳を作成する⁉～ 177
7. 過年度遡及修正で修正申告、更正の請求が頻繁になる⁉ 178
8. 税理士が税務調査の追徴税額を予想する⁉～不確実な税務ポジションに係る会計処理（税務リスクを確率により数値化せよ！）～ 185
9. 新しい会計基準が適用される前に会計方針の変更の届出を検討しよう！ 187
10. 非上場株式の株価算定業務が増加する⁉
　　～非上場株式を公正価値で評価～ 188
11. 給与計算業務では、有休残数、平均日給、平均消化率等の情報提供が必要になる～有給休暇引当金の根拠データに～ 191

12. IFRS の導入により、関与先が連結子会社になる!?
　　　～いきなり税法基準から IFRS や日本基準に変更に！～　192
13. IFRS の導入により、関与先が決算期変更をする!?　194
14. IFRS の導入で繰延税金資産の回収可能性の検討がより複雑に!?
　　　～よりプロフェッショナル業務になるぜ！～　195
　　おわりに　197

 調査ファイル 6　俺たちは、これから何をすればいいのか？
　　　　　　　　　（何もしなくていいよね？）

　　はじめに　200
1. まずは、関与先の種類ごとに IFRS 導入スケジュールと適用形態をまとめてみよう　200
2. IFRS と税法基準との乖離（税務調整）を把握する
　　　～ IFRS 博士になる必要はない～　200
3. 上場会社を担当する 1 号の場合　202
4. 上場会社の子会社を担当する 3 号の場合　203
5. 会社法上の大会社（上場会社を除く）を担当する 2 号の場合　204
6. ベンチャー企業を担当する 4 号の場合　204
7. 中小企業を担当するブラックの場合　204
　　おわりに　205

参考文献　207

《主な登場人物》

The Mask 会計事務所のメンバー

- **タカマツ所長**：Mask 税理士軍団を率いるリーダー
- **Mask1号**：微妙にしっかりしていない先輩マスクマン
- **Mask2号**：めちゃくちゃしっかりしている中堅マスクマン
- **Mask3号**：わりとしっかりしている若手マスクマン
- **Mask4号**：カタカナでしか喋れない謎のマスクマン。外国人か？
- **ブラックMask**：お気楽な若手マスクマン

調査ファイル **1**

なんかいろいろと騒いでますが、IFRSって何だろう...

はじめに

Mask1号（以下「1号」） お～い、みんな！ これを見てみろよ！

○日本経済新聞 2011年6月21日付記事
　「国際会計基準　金融庁が延期検討」「海外でも「導入機運」後退」

○金融庁ホームページ「"IFRS適用に関する検討について" 2011年6月21日　金融担当大臣　自見庄三郎」
　「一部で早ければ 2015年3月期（中略）にも IFRS の強制適用が行われるのではないかと喧伝されているやに聞くが、『少なくとも 2015年3月期についての強制適用は考えておらず、仮に強制適用する場合であってもその決定から 5-7 年程度の十分な準備期間の設定を行うこと（中略）とする』（以下略）」

ブラックMask（以下「ブラック」） へぇ～、あの IFRS の導入が延期されるのかぁぁぁ…（半分上の空で）。あの IFRS の導入が延期されるなんてぇぇぇ…（なぜか2度言う）。

Mask4号（以下「4号」） オマエラ、オドロイテイルガ、ソモソモ IFRS ッテナニカ知ッテイルノカ？　ゼッテイ知ラナイヨナ？

…………（無言）。

Mask2号（以下「2号」） IFRS って外国の会計基準ですよね。この記事は、日本企業も IFRS という外国の会計基準を適用することになるけど、適用時期を延期しよう、っていう内容ですよね。

1号 なるほど。IFRS って外国の会計基準なんだね。それを日本企業にも適用するって話なんだね（今さらしみじみと）。

ブラック じゃあ、1つ賢くなったところで、今日の集会は終わりにしましょうか。さっさと、女子プロ見に行きたいんで失礼しますね。今夜は、メグミとカラートがやりますから！（急にテンションあげあげで興奮しながら）

4号 オイ、テメーラ、マテ！ IFRSガ、日本ニ適用サレル、新シイ会計基準トイウコトガ、ワカッテモ、オマエラ、ナントモ、オモワナイノカ？アタラシイカイケイキジュンダゾ！

ブラック ……。たしかに、企業には影響するかもしれないけど、会計基準、って言うくらいだから、税理士であるオイラたちには何の影響もないような…。税金は変わらないんだし。

1号 ……。(たしかに、そうだな。興奮して損したな。)

ブラック それに、そもそもオイラたちの事務所で、業務上、会計基準が話題になったことって、ほとんどないですよね？

1号 ……。(たしかに、そうだな。興奮しちゃって恥ずかしいな。)

Mask3号(以下「3号」) たしかにそうですが、税理士試験で財務諸表論、簿記論って科目があるように、税務を考えるうえで、会計は切っても切り離せない、ってことでもありますよね。

　ですから、まずは、IFRS導入が本当にうちの事務所に関係ないのか、みんなで仲良く学習してみませんか？ ちょうど、タカマツ所長が愛人と海外旅行している最中、いやいや、海外出張中のこの時期は、時間的な余裕もありますから、みんなでケンケンガクガク話し合いましょうよ！

ブラック その前に、この会計基準っていったい何なのかも教えてほしいよ (^-^)/

4号 ダレガヤルンダ？

…………。

2号 では、僕がやりましょう！ タカマツ所長も了承済みですが、僕は、3か月後には退職して、世界4大ファームのIWCP税理士法人に転職します。IWCP税理士法人では、大きなクライアントも多いですから、きっと、IFRSの知識が必要になると思いますから。

えい、えい、おー！

1 IFRSって何の略なの？　何て読むの？

1号　じゃあ、先日お願いしていた、IFRSの導入が本当にうちの事務所に関係ないのか？　について、2号から解説してもらおうぜ！

2号　IFRS導入が本当にうちの事務所に関係ないのか？　を知るためには、多くのことを確認する必要があります。ですから、今日はまず、IFRSとは何か？　ということについて解説したいと思います。

3号　先輩！　よろしくお願いします！

2号　まず、IFRSは、International Financial Reporting Standardsの略称で、日本語では、国際財務報告基準（こくさいざいむほうこくきじゅん）と訳します。

ブラック　IWCPが、International Wrestling Championの略称で、日本語では、国際レスリング王者って略すのと同じか。

2号　（無視して）そして、IFRSは、日本では、次の3つのどれかで呼ばれています。

① アイファス or アイファース
② イファース
③ アイ・エフ・アール・エス

2 IFRSって誰が何のために作っちゃったの？

2号　次に、IFRS（国際財務報告基準）は誰が作っているのか？　についてですが、IFRS（国際財務報告基準）は、国際会計基準審議会（IASB）及びその前身であるIASC（国際会計基準委員会）が策定しています。

ブラック　なるほど。この基準を作ったのは、国際会計基準審議会（IASB）という団体なんですね。どうして、その団体は、こんな会計基準を作り始

めちゃったんですか？

2号　なぜ作ったかというと、世界各国の財務諸表作成のルールを統一する、というグローバルな野望のためです！

ブラック　世界統一かぁ〜。男のロマンだなぁ。

2号　（無視して）そもそも会計基準というのは、各国で独自の会計基準を作っているんです。米国基準、日本基準、ヨーロッパ内でもドイツ基準、イギリス基準、フランス基準ってな感じで、その国の文化や商慣習にあわせて、その国の人たちが会計基準をそれぞれ作成しているんですね。

　そんな感じだから、どこの国の会計基準を採用するかで売上やら利益やら、資産やらが変わってきて、お金を投資する人は、どの企業に投資すべきかわからなくなる問題が生じていたんです。

　だから、世界共通のルールを作って、世界共通の尺度で企業を財務的に評価することができるように、審議会（IASB）の人たちは立ち上がったんですね。

ブラック　なるほど！　確かに、ボクサーも、お相撲さんも、レスラーもルールが違うから、誰が一番強いかわからないですよね。それと似たようなんもんですね。

2号　（無視して）だから、IFRSって言うと、ヨーロッパ内で適用されていることと、審議会（IASB）の本部がイギリスにあるから、ヨーロッパの会計基準なんて言われているけど、実際はグローバルな会計基準を目指しているヨーロッパ風の会計基準というイメージなんです。

調査ファイル1
なんかいろいろと騒いでますが、IFRSって何だろう。。。

《同じ取引なのに売上も利益も違う!?》

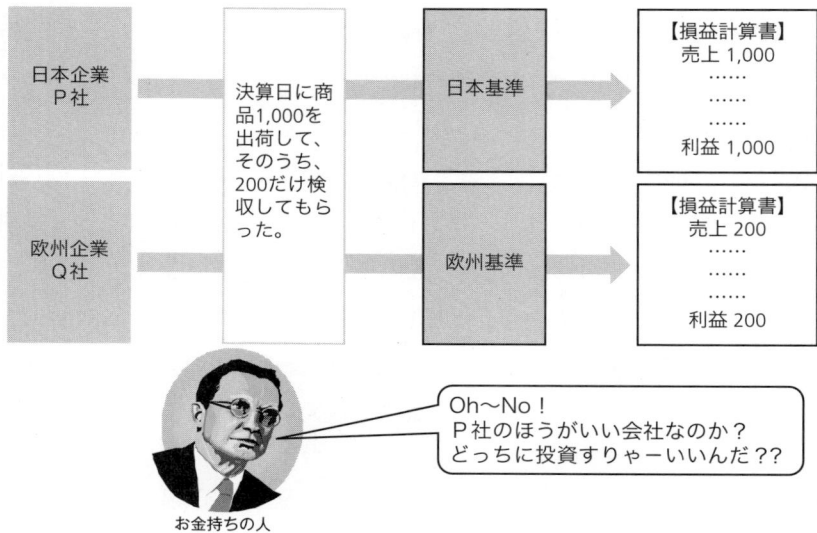

《IASBの組織はこんなんだ！》

① IFRS Foundation（IFRS財団）
・正式名称：The IFRS Foundation
・設立：2001年に国際会計基準委員会（IASC）より改組され、2010年7月にIASC Foundation（国際会計基準委員会財団）から名称を変更した。
・傘下の会計基準設定主体であるIASBを通じ、公益のために高品質で単一のIFRSを開発する責任を負っている。

② IASB（国際会計基準審議会）
・正式名称：The International Accounting Standards Board
・IFRS財団に属する独立の会計基準設定機関で、IFRSの設定を行っている。基準の開発や改訂の検討項目の設定やプロジェクト計画の策定とその実行について、全面的な裁量権を有している。
・2009年、IFRS財団の定款変更により、メンバー数は14名から16名に増員された（2012年までに段階的に増員）。16名のうち、非常勤のメンバーは最大3名まで選任可能となった。
・同定款変更により、16名の構成は原則として、北米、欧州、アジア・オセアニアの3地域から各4名、アフリカ及び南米地域から各1名、その他2名、とすることが定められた（その他2名については特に定めを設けず、全体のバランス等を考慮し選出する）。
・メンバーの任期は5年である（再任1回可能）。

③ Trustees（評議員会）
・活動資金の調達、IASB、IFRS解釈指針委員会、IFRS諮問会議メンバーの任免、

IASB の活動状況の監督等に責任を有する。IASB、及びモニタリング・ボードと定期会合を開催し、監督機能の強化を図っている。
・22 名の Trustee（評議員）で構成される。任期は 3 年である（再任 1 回可能）。
・メンバーの選任には、地域要件及び職務経歴的要件の 2 つの要件を満たすことが求められる。

④ IFRS Interpretations Committee（IFRS 解釈指針委員会）
・正式名称：The IFRS Interpretations Committee
・IFRS 及び IAS を適用する際に生じる IFRS の文言を巡る疑問等を検討し、必要と認めた場合には解釈指針の開発を行う。基準を改善する必要があると判断された場合、又は IFRS 及び IAS に規定がない会計上の問題が生じた場合で必要があると判断された場合には、IASB に基準の改善又は新たな基準の開発を提案する。
・解釈指針の決定権は IASB が持ち、他の組織が解釈指針を作成・公表することを認めていない。
・議長と 14 名のメンバーから構成される。任期は 3 年で再選が可能。
・2010 年 3 月に、IFRIC（国際財務報告解釈指針委員会）から名称を変更した。

⑤ IFRS Advisory Council（IFRS 諮問会議）
・正式名称：IFRS 諮問会議
・IASB が検討項目を決定する前に相談を行い、助言を受ける。
・30 名以上のメンバーと正式オブザーバー 3 組織（金融庁、米 SEC、EC）で構成される。
・メンバーは各関係団体の代表者が選任される。
・2010 年 3 月に SAC（基準諮問会議）から名称を変更した。

⑥ The Monitoring Board（モニタリング・ボード）
・評議員の選任過程に参加し、評議員の選任を承認する。
・評議員の責任の遂行についてレビューし、助言を提供する。評議員は書面による年次報告をモニタリング・ボードに行う。
・EC のメンバー、IOSCO の新興市場委員会委員長、IOSCO 専門委員会委員、日本の金融庁長官、及び SEC 委員長らで構成され、バーゼル銀行監督委員会委員長がオブザーバーとして参加する。
・年に 1 回以上、評議員会又は評議員会のサブグループとの会合を持つ。モニタリング・ボードは評議員会又は評議員会議長（又は IASB 議長）との会合を召集できる権限を持つ。

［出所］日本公認会計士協会ホームページ「IASB とは」に基づいて作成

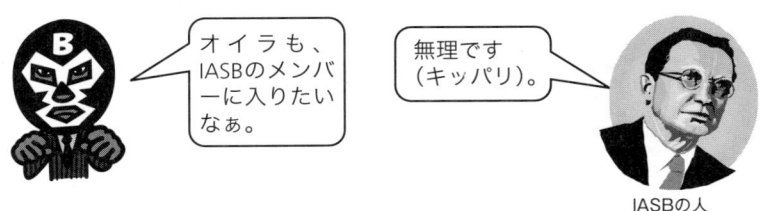

《組織の概略》

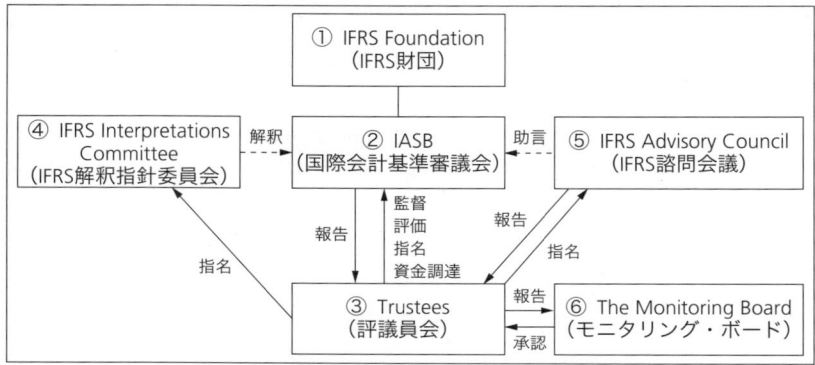

3 IFRSって、どういうプロセスで作成されるの？

3号 IFRSを作成しているのは、審議会（IASB）ってことはわかりましたけど、どんなプロセスで作成しているんですか？

2号 こんな感じです。

> IASBの会計基準を作成するプロセスは、透明だ！
>
> ① 基準の策定又は改訂のための検討項目を決定し、プロジェクト計画を公表。
> ⇩
> ② 新基準、又は改訂の提案について、討議資料又は公開草案を公表し、意見聴取を行う。
> ⇩
> ③ 各方面からの意見を検討のうえ、基準を最終確定し、公表。意見聴取で寄せられた意見の検討内容を公開する、「フィードバックステートメント」をあわせて公表。
> ⇩
> ④ 新基準又は改訂基準の適用開始後2年間、適用後レビューを実施。

［出所］日本公認会計士協会ホームページ「IASBとは」に基づいて作成

3号　なるほど。独断と偏見で会計基準を作成しているわけではないんですね！

4 IFRSって、どんな種類の基準があるの？

3号　具体的にはIFRSって、どんな基準があるんですか？

2号　まず、IFRS、つまり国際財務報告基準は、具体的には、基本となる会計基準とその解釈指針で構成されています。また、今の審議会（IASB）の前身となる組織であるIASC（国際会計基準委員会）が作成した会計基準と解釈指針を含めて、IFRSって言われています。

ちなみに、税法で言うならば、会計基準が法人税法に相当するもので、解釈指針は法人税基本通達に相当するって考えるとイメージしやすいかもしれませんね。

```
●会計基準 ────〔法人税法に相当するもの〕

  ①　国際会計基準
    （International Accounting Standards：IAS）

  ②　国際財務報告基準書
    （International Financial Reporting Standard：IFRS）

●解釈指針 ────〔法人税法基本通達に相当するもの〕

  ③　解釈指針委員会解釈指針書等
    （Standing Interpretations Committee：SIC）

  ④　国際財務報告基準解釈指針委員会解釈指針
    （International Financial Reporting Interpretations Committee：IFRIC）
```

ブラック　なんだぁ～。4つしかないんですか。てへへへへ (^-^)　これなら理解するのも簡単ですね (^-^)/

2号 これ見てください。一口に IFRS と言っても、実際には、論点ごとに、こんなに種類があるんですよ。

● Preface to IFRS（国際財務報告基準に関する趣意書）：
　Conceptual Framework for Financial Reporting（財務報告のための概念フレームワーク）

● IFRS 一覧

No.	会計基準
IFRS 第 1 号	First-time Adoption of International Financial Reporting Standards 国際財務報告基準の初度適用
IFRS 第 2 号	Share-based Payment 株式報酬
IFRS 第 3 号	Business Combinations 企業結合
IFRS 第 4 号※	Insurance Contracts 保険契約
IFRS 第 5 号※	Non-current Assets Held for Sale and Discontinued Operations 売却目的で保有する非流動資産及び廃止事業
IFRS 第 6 号	Exploration for and Evaluation of Mineral Resources 鉱物資源の探査及び評価
IFRS 第 7 号	Financial Instruments: Disclosures 金融商品：開示
IFRS 第 8 号	Operating Segments 事業セグメント
IFRS 第 9 号	Financial Instruments 金融商品
IFRS 第 10 号	Consolidated Financial Statements 連結財務諸表
IFRS 第 11 号	Joint Arrangements 共同支配契約
IFRS 第 12 号	Disclosure of Interests in Other Entities 非連結企業に関する開示
IFRS 第 13 号	Fair Value Measurement 公正価値測定

IAS 第 1 号※	Presentation of Financial Statements 財務諸表の表示
IAS 第 2 号	Inventories 棚卸資産
IAS 第 7 号※	Statement of Cash Flows キャッシュ・フロー計算書
IAS 第 8 号	Accounting Policies, Changes in Accounting Estimates and Errors 会計方針、会計上の見積りの変更及び誤謬
IAS 第 10 号	Events after the Reporting Period 後発事象
IAS 第 11 号	Construction Contracts 工事契約
IAS 第 12 号※	Income Taxes 法人所得税
IAS 第 16 号	Property, Plant and Equipment 有形固定資産
IAS 第 17 号※	Leases リース
IAS 第 18 号※	Revenue 収益
IAS 第 19 号※	Employee Benefits 従業員給付
IAS 第 20 号	Accounting for Government Grants and Disclosure of Government Assistance 政府補助金の会計処理及び政府援助の開示
IAS 第 21 号	The Effects of Changes in Foreign Exchange Rates 外国為替レート変動の影響
IAS 第 23 号	Borrowing Costs 借入費用
IAS 第 24 号	Related Party Disclosures 関連当事者についての開示
IAS 第 26 号	Accounting and Reporting by Retirement Benefit Plans 退職給付制度の会計及び報告
IAS 第 27 号	Separate Financial Statements 個別財務諸表

IAS 第 28 号	Investments in Associates and Joint Ventures 関連会社及びジョイント・ベンチャーに対する投資
IAS 第 29 号	Financial Reporting in Hyperinflationary Economies 超インフレ経済下における財務報告
IAS 第 31 号※	Interests in Joint Ventures ジョイント・ベンチャーに対する持分
IAS 第 32 号	Financial Instruments: Presentation 金融商品：表示
IAS 第 33 号	Earnings per Share 1 株当たり利益
IAS 第 34 号	Interim Financial Reporting 中間財務報告
IAS 第 36 号	Impairment of Assets 資産の減損
IAS 第 37 号	Provisions, Contingent Liabilities and Contingent Assets 引当金、偶発負債及び偶発資産
IAS 第 38 号	Intangible Assets 無形資産
IAS 第 39 号※	Financial Instruments: Recognition and Measurement 金融商品：認識及び測定
IAS 第 40 号	Investment Property 投資不動産
IAS 第 41 号	Agriculture 農業

● IFRIC 一覧

No.	解釈指針
IFRIC 第 1 号	Changes in Existing Decommissioning, Restoration and Similar Liabilities 廃棄、原状回復及びそれらに類似する既存の負債の変動
IFRIC 第 2 号	Members' Shares in Co-operative Entities and Similar Instruments 協同組合に対する組合員の持分及び類似の金融商品
IFRIC 第 4 号※	Determining whether an Arrangement contains a Lease 契約にリースが含まれているか否かの判断

IFRIC 第 5 号	Rights to Interests arising from Decommissioning, Restoration and Environmental Rehabilitation Funds 廃棄、原状回復及び環境再生ファンドから生じる持分に対する権利
IFRIC 第 6 号	Liabilities arising from Participating in a Specific Market-Waste Electrical and Electronic Equipment 特定市場への参加から生じる負債―電気・電子機器廃棄物
IFRIC 第 7 号	Applying the Restatement Approach under IAS 29 Financial Reporting in Hyperinflationary Economies IAS 第 29 号「超インフレ経済下における財務報告」に規定される修正再表示アプローチの適用
IFRIC 第 9 号	Reassessment of Embedded Derivatives 組込デリバティブの再査定
IFRIC 第 10 号	Interim Financial Reporting and Impairment 中間財務報告と減損
IFRIC 第 12 号	Services Concession Arrangements サービス委譲契約
IFRIC 第 13 号	Customer Loyalty Programmes カスタマー・ロイヤルティ・プログラム
IFRIC 第 14 号	IAS 19-The Limit on a Defined Benefit Asset, Minimum Funding Requirements and their Interaction IAS 第 19 号―給付建資産の上限、最低積立要求及びそれらの相互作用
IFRIC 第 15 号	Agreements for the Construction of Real Estate 不動産の建設に関する契約
IFRIC 第 16 号	Hedges of a Net Investment in a Foreign Operation 在外営業活動体に対する純投資のヘッジ
IFRIC 第 17 号	Distributions of Non-cash Assets to Owners 所有者に対する非現金資産の分配
IFRIC 第 18 号	Transfer of Assets from Customers 顧客からの資産の移転
IFRIC 第 19 号	Extinguishing Financial Liabilities with Equity Instruments 資本性金融商品による金融商品の消滅
SIC 第 7 号	Introduction of the Euro ユーロの導入
SIC 第 10 号	Government Assistance-No Specific Relation to Operating Activities 政府援助―営業活動と個別的な関係がない場合

SIC 第 12 号※	Consolidation-Special Purpose Entities 連結―特別目的事業体
SIC 第 13 号	Jointly Controlled Entities-Non-Monetary Contributions by Venturers 共同支配企業―共同支配投資企業による非貨幣性資産の拠出
SIC 第 15 号	Operating Leases-Incentives オペレーティング・リース―インセンティブ
SIC 第 21 号	Income Taxes-Recovery of Revalued Non-Depreciable Assets 法人所得税―再評価された非減価償却資産の回収
SIC 第 25 号	Income Taxes-Changes in the Tax Status of an Entity or its Shareholders 法人所得税―企業又は株主の課税上の地位の変化
SIC 第 27 号	Evaluating the Substance of Transactions Involving the Legal Form of a Lease リースの法形式をともなう取引の実質の評価
SIC 第 29 号	Service Concession Arrangements: Disclosures サービス委譲契約：開示
SIC 第 31 号	Revenue-Barter Transactions Involving Advertising Services 収益―宣伝サービスをともなうバーター取引
SIC 第 32 号	Intangible Assets – Web Site Costs 無形資産―ウェブサイト費用

※ 改訂作業進行中
[出所] 日本公認会計士協会ホームページ「IFRS／IFRIC」に基づいて作成

1号　…………。
2号　どうですか？　すごいでしょ！
3号　…………。
4号　…………。
ブラック　………。

5 IFRSには、どんな特徴があるの？

2号　皆さん、どうかしましたか？

1号　基準の数に圧倒された。。。そんなにあるなら、俺たちついていけな

いよ。税法でいっぱいいっぱいだよ。。。

2号　でも、まだ、税理士がIFRSを習得する必要があるって決まったわけではありませんよ。

　今回の調査は、税理士が、この圧倒的な量のIFRSについていく必要があるのかどうかを調査しているんですから、よい結果を期待しましょうよ(^-^)/

1号　よし！　気を取り直していこうぜ！　2号、IFRSの特徴を教えてくれ！

2号　はい。IFRSの特徴は、日本の会計基準と比較すると、こんな感じです。

日本の会計基準と比較したIFRSの特徴

ひとつ！
　原則主義であること
　⇒日本基準よりは大ざっぱで、自分の頭で考えよう的会計基準！

ふたつ！
　資産負債アプローチであること
　⇒IFRSの利益は、純資産の差額である包括利益！

みっつ！
　公正価値で評価すること
　⇒日本基準より時価評価の範囲が広い！

よっつ！
　投資家のための会計基準であること
　⇒銀行、オーナー株主よりも不特定投資家のために！

ブラック　う〜ん。どういうこと？

2号　まず、一番重要なのは、原則主義。これは、あんまり、細かいことを決めてないってことです。会計処理を決める時に、状況ごとに大きな原則を示すだけで、あとは僕ら会計処理をする者に委ねるやり方です。

ブラック　えっ？　じゃあ、すごく楽じゃないですか？　自分で決めてい

いんですよね？　答えがないから、なんでもあり的な感じがいいですね。束縛されないの大好きです！

2号　（こいつ、お気楽なマスクマンだな…。）日本の会計基準は、ルールベース（細則主義）って言われていて、会計処理を判断するための数値基準（有価証券の減損判定の50％以上の下落、ファイナンス・リース取引に該当するかどうかの判断基準である現金購入価額の90％基準や経済的耐用年数の75％基準など）など、細かいルールを作っているんです。

つまり、僕ら会計処理をする者にとっては、そのルールに基づくように会計処理していれば問題なく、あんまり、判断とか決断をする必要がないことになります。

一方、原則主義って、詳細なルールよりも、大きな原則、つまり、原理原則を定めることを優先して、実際の会計処理は、我々、会計に携わる者に判断を委ねることになるんです。

3号、どっちが頭を使うと思いますか？

3号　ルールがあるなら、そこに答えが載っているってことだけど、ルールがないと自分で一から考えないといけないですね。そっちのほうが面倒かな。。。

2号　さすが、3号。そういうことです。

例えば、税効果会計の繰延税金資産の回収可能額（＝将来、税金が減るとみなされる金額）の計算についても、日本の会計基準では、会社を利益が出てる順に①～⑤のいずれかでランク付けすると、自動的に回収可能額が計算されます。でも、IFRSでは、そんな会社のランクがないから、自分たちで、回収可能額の計算の考え方を決めて、自社のルールで回収可能額を計算することになるんです。

今、IFRSが得体の知れないものになっているのは、これが一番大きいんじゃないかと思います。何をすればいいのか？　今と何が変わるのか？が具体的にIFRSでは決めていないから、逆にどうすりゃいいんじゃ～、

どうなっちゃうんじゃ〜、って、みんな不安になっているんです。

ブラック　でも、細則を決めない原則主義って言うわりには、（基準書が載っている本を見せながら）こんなに基準の数があって、ボリュームも何千ページもあるなんて、詐欺ですね。

2号　（無視して）次に、資産負債アプローチは、会社の利益を資産と負債の差額、つまり、純資産の増減額で見るってことです。この純資産の増減を「包括利益」って呼んでいます。

　具体的には、売る予定のない投資有価証券の評価差額は、有価証券評価差額金としてBSの純資産の部に計上されていますが、この増減額は、日本の会計基準によるPLだと利益になりませんよね？　でも、IFRSだと、これは利益になるんです。

　（注）ただし、連結財務諸表については、平成23年3月期より包括利益計算書が導入されています（「調査ファイル2」19参照）。

3号　つまり、我々が考えている利益と、IFRSが考えている利益が違うってことですね？

2号　そうです！

ブラック　じゃあ、3つ目の公正価値って何なんですか？

2号　例えば、投資不動産とか金融商品（非上場株式）を公正価値という時価でBS上、評価しようとしているのがIFRSです。日本の会計基準より少し時価評価の対象が広いんですね。

ブラック　（公正価値にまったく興味を示さず）それで、最後の「投資家のため」ってどういう意味ですか？

2号　財務諸表の利用者って、投資家、株主、経営者、銀行、取引先、従業員などたくさんいるけど、IFRSは、投資家のための会計基準なんです。

　また、IFRSでは、現在の株主やこれから投資してくれるかもしれない投資家を想定しているけど、一方で、上場していないオーナー株主なんかは投資家として想定していません。

だから、不特定多数な投資を受けられる企業を想定して、IFRS は作られているんですね。

ブラック やった〜！ じゃあ、オイラたちの関与先にとって、IFRS は関係ないような予感がしますね。そしたら、オイラたちも関係ね〜！ だよな？？

6 世界統一の野望はどこまで実現しているの？

ブラック ところで、IFRS の野望は世界統一だって話でしたけど、今現在、その野望はどれくらい実現しているんですか？

2号 現時点だと、IFRS が採用されている国又は採用を予定している国はこんな感じです。

国名	各国の上場会社の IFRS 適用状況
オーストラリア	2005 年適用開始
ブラジル	2010 年適用開始
カナダ	2011 年適用開始
中国	中国自国の基準がおおむね IFRS にコンバージェンス（会計基準の同等化）しているが、IFRS と同等であるという同等性評価は、2011 年に判断
EU 連合	2005 年適用開始
インド	2011 年適用開始を予定していたが先送り
シンガポール	2012 年適用開始
メキシコ	2012 年適用開始
韓国	2011 年適用開始
南アフリカ	2005 年適用開始
トルコ	2008 年適用開始
アメリカ	2011 年を IFRS へのコンバージェンス（会計基準の同等化）の目標日としている。そして、2011 年中に 2015 年以降、国内企業に対する適用方針を決定する予定（IFRS 導入の判断を事実上先送り）

日本	[IFRSの熱量が高かった昔] 2011年中にIFRSへのコンバージェンス（会計基準の同等化）を完了し、2012年を目処に2015年又は2016年以降国内企業に対する適用方針を決定する予定。 [IFRSの熱量が下がった今] 2011年中にIFRSへのコンバージェンス（会計基準の同等化）を完了し、2012年を目処に2017年以降国内企業に対する適用方針を決定する予定。

ブラック おい、おい、おい、よくよく見ると、アメリカは、2011年中にIFRSを採用するか決めるって書いてあるぞ！　つまり、まだ、決めてないんですか？

2号 そうなんです。。。しかも、当初は、企業規模に応じて2014年からIFRSを適用する予定だったんですが、2011年5月に米国証券取引委員会（SEC）がIFRS導入の判断を事実上先送りすることを決めたんです。

　IFRSの採用は、企業や投資家が十分な準備をできる時間をとる必要があるということがその理由らしいです。

　さらに、現在、SEC（証券取引委員会）とIFRS開発に直接関係するFASB（米国財務会計基準審議会）のIFRS導入のアプローチに関する考え方が違ってきています。また、実際に会計基準を使う立場である米国企業も、IFRS導入による費用負担が重いことから導入延期を主張しているということらしいです。

　もうIFRS導入の問題が、会計基準の周りにいる利害関係者たちの政争に発展しているような状況です。

ブラック おい、おい、おい、おい、さらに、よくよく見ると、日本もまだ採用するかどうかを決めてないんですか!?

2号 そうなんです。。。

ブラック じゃあ、もしかしたら、IFRSを採用しない、ってこともあり得るのか？　そうなる可能性もあるなら、今、IFRSを知る必要なんかないんじゃ……。知るだけ無駄のような……。

2号 いやいやいやいやいやいやいやいやいやいやいや、待ってください！　これだけ世の中（具体的には、金融庁、企業会計審議会、企業会計基準委員会、日本公認会計士協会、経団連、企業、出版社、システム会社、筆者など多数の利害関係者）がIFRS！　IFRS！って騒いでますから、もし万が一、IFRSを採用しないってなったら、大暴動になりますよ。だから、多分採用する……はず……です…。

3号 特に、アメリカまでIFRSになったのに、日本がIFRSを導入せずに、日本だけが孤立した会計基準で財務諸表を作成していたら、投資家が、「会計処理のルールが違う日本企業にはお金を投資しないぞ！」ってなりますから、やっぱり、日本もIFRSを導入せざるを得ないですよね。

2号 （ナイスフォロー！　3号！　さすがタカマツ所長の秘蔵っ子！）そうだ！　そうだ！（アメリカ次第だけど…。アメリカはほんとに予定どおりIFRSの導入をするのかな…。すご〜く不安……。）

ブラック でも、予定どおり採用するっていっても2017年以降…。まだ、先じゃねーかよ（それまでにオリンピックとワールドカップは何回開催されるんだ？）。やっぱり、今、IFRSを知る必要ないんじゃないのか？　知るだけ無駄のような……。

2号 ……。（無言）

3号 でも、2012年には、IFRSの採用方針を決定するってことですよね。しかも、準備期間として5〜7年をとっているんですよね？　これって、企業会計審議会がIFRSの業績への影響もさることながら、企業側の実務面への影響が非常に大きいと想定している証拠ですよ。

　我々、実務家にとっては、この準備期間の長さが逆に、IFRSの影響の巨大さを物語っていて不安になりますね。時間なんて、あってないようなものかもしれませんよ。

2号 （ナイスフォロー！　3号！　さすがタカマツ所長の遠い親戚！　お前どんだけポジティブなんだ？）そうだ！　そうだ！（でも、ほんとにアメリカの

状況は不透明だな。。。日本のIFRSの熱もオモイッキリ下がってきた気が…。コンバージェンスでいいんじゃね〜的な雰囲気も出てきているような気が…。でも、そんなこと言ったら、こいつらになんて言われるかわからないからだまっとこ。てへへへ (^o^)

7 コンバージェンスとアドプションって何？

3号 アメリカ、日本、中国で行っているコンバージェンスって何ですか？

2号 実は、IFRSの導入には、次の2つのパターンがあります。

① アドプション
② コンバージェンス

アドプションとは、「ナマの生きのいいIFRSをそのまま原文どおりリアルタイムで適用すること」を言い、日本語訳では「採用」ってことです。

コンバージェンスとは、「IFRSをじっくりコトコト自国の商慣習や利害関係者の意見を踏まえながら検討してみて、最終的にはIFRSを真似して自国の会計基準を作り直す」ことを言うんです。

言い換えると、自国の会計基準をIFRSと同等、具体的にはおおよそIFRSと同じ会計処理になるように継続して改定していくことを言います。

つまり、コンバージェンスされた自国の会計基準は、IFRSの原則主義や解釈指針で定める方針に反しない内容になっているんです。

でも、いくらコンバージェンスしても、会計事象によっては、まったく同じ会計処理にはならないから、アドプションと比較すると、やはり財務諸表を比較するのに問題が生じてしまうということなんです。中国の会計基準は「チャイファス」なんて巷で言われているゆえんでもあります。

また、IFRS自体が見直されたら、アドプションの場合、すぐにそのまま変更後のIFRSが適用できますが、コンバージェンスの場合、日本の会

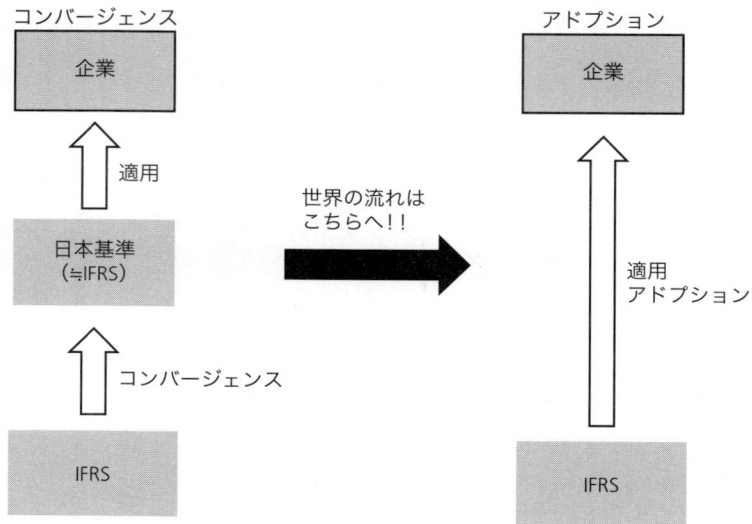

計基準を変更後のIFRSにあわせる作業が必要になるため、会計基準の変化への対応が遅れてしまいます。

　だから、今のIFRSの世界統一の流れは、コンバージェンスからアドプションへの流れになっているんです（といっても、近頃は、インド、アメリカ、日本も導入延期を決めたし、他のIFRS採用国でも自国の基準に合わない部分は導入しないといった動きも出始めているんだけど…）。

3号　じゃあ、アメリカは米国基準のIFRSへのコンバージェンスをしてから、IFRSの採用を決定するということですね。

　そして、日本は、まず、日本基準のIFRSへのコンバージェンスを完了し、そして、アメリカがIFRSの採用を決めた後に、自国のIFRSの採用を決めるという流れになりそうなんですね。

2号　そうなんだ。だから、アメリカのコンバージェンスとアドプションの時期に、日本のアドプションの時期が影響を受ける可能性が高いんだけど、アメリカのコンバージェンスがスケジュールどおりに進むかわからな

いんです。

ブラック　どうしてなんだよ？　コンバージェンスって、IFRSの真似をすりゃーいいんだよな？

2号　（こいつ、単純なマスクマンだな。）日本のコンバージェンスは、IFRSの会計処理が日本の取引慣行に合っているかどうかなど多くの観点からIFRSの会計処理を検討して、最終的にIFRSの会計処理と同一にするのか、日本独自の会計処理にするのか（IFRSとの同等性に影響しない範囲で）を検討しているんです。

　それこそ、ASBJ（企業会計基準委員会）の方たちの血の滲むような努力の賜物なんです。

　ただ、この場合でも、日本では、基本的にIFRSの会計処理に日本の会計基準を合わせるかどうかという検討になっているんですが、アメリカは逆にIFRSを米国基準で定める会計処理に変えようともしているんです。

　つまり、会計処理によっては、米国基準のIFRSへのコンバージェンスというよりも、IFRSの米国基準へのコンバージェンスになっている場合もあるんです。

　だから、アメリカの会計基準設定団体であるFASBとIASB（国際会計基準審議会）の綱引き合戦が行われ、それが長期化すると、アメリカのコンバージェンスとアドプションが遅れ、その結果、日本のIFRSのアドプションが遅れる可能性があるというのが、巷で囁かれています。

おわりに

3号 なるほど。2号先輩のここまでの話をまとめると、こんな感じですね。

> IFRSってこんな感じらしい…
>
> ひとつ！
> 　IFRSは、会計基準の世界統一を目的に作られた会計基準である。
>
> ふたつ！
> 　日本への導入は、早くても2017年以後で、まだまだ先のこと(^-^)/（2012年に決まる予定）
> 　アメリカの状況によってはもっと遅れるかも(^-^)/
>
> みっつ！
> 　IFRSは、原則主義といいながら、やたら基準が多い。ボリュームも。
>
> よっつ！
> 　IFRSとコンバージェンスされた日本の会計基準はちょっち違う。

2号 この4つ目のIFRSが、日本の会計基準と違っている、っていうのが一番の問題ですよね。今の日本の会計基準とまったく同じなら、従来どおりの会計処理を継続すればいいわけだから、誰も困らないよね。

1号 たしかに、日本の会計基準との違いが問題だな。

3号 …………。

ブラック …………。

1号 …………。

4号 ……オマエラ、ソモソモ日本ノ会計基準ヲワカッテナイダロ？

（続く）

調査ファイル **2**

日本会計基準と税法基準はどこが違うの？

はじめに

（所内の飲み会、牛☆なう）

ブラック　いや～。牛☆カルビは最高だな～。

3号　それにしても、今日の2号先輩のIFRSの説明はお見事でした。IFRSがどういうものかがよくわかりました。

2号　ありがとう。

4号　シカシナガラ、オマエラ、ニホンノカイケイキジュンノ何タルカガワカッテナイノニ、IFRSヲ知ッタカブッテ、オコガマシイゾ！

1号　たしかに俺たち、会計事務所なのに、会計基準を業務で確認したこと皆無だな。

ブラック　オイラなんか、日本に会計基準が存在していたなんて知りませんでした！（自信満々。キッパリと）

3号　いや、私は、担当するお客様に規模は小さいですが上場会社の子会社がありますから、資産除去債務の会計基準とか、退職給付引当金の会計基準、貸倒引当金の金融商品会計基準、減損損失の会計基準なんて、たまに見たりしますよ。

2号　へぇ～。同じ会計事務所に勤めていても、会計基準への関与度が違うんですね。

1号　いずれにしても、世界を制す前に日本国内を制すのが勝負の基本だ！　エベレストの前に富士山に登る必要があるぞ！

　ということで、まず、IFRSとは何か？　というものを学んだから、次は、会計事務所が関係する日本の会計基準にはそもそもどういったものがあるのか？　を調査しようか。

2号　引き続き、私がやりますよ。もうじきIWCP税理士法人での厳しい生き残りが待っていますから。

ブラック　ニンニクハラミ10人前、お願いしやす！

店員 （気持ち悪いくらいの満面の笑顔で）喜んで！

1 日本では、どういう財務会計があるの？

1号 では、IFRS調査の第2弾として、「日本の会計基準とは何か？」について、再び2号から説明をしていただきたいと思います。よろぴく(^-^)/

2号 それでは早速、はじめます。

日本にある会計基準の内容を知る前に、次の3つの種類を整理する必要があります。

① 日本企業が作成する「財務会計の種類」とは
② 適用される財務会計が異なる「日本企業の種類」とは
③ それぞれの財務会計に適用される「会計基準の種類」とは

まず、日本の企業は、どのような種類の財務会計を行う必要があるのでしょうか。日本にある財務会計の種類は次の3つになります。

日本企業が作成する財務会計の種類

① 会社法による会計
　株式会社がその株主に財務諸表を開示するための会計であり、会社法第431条において一般に公正妥当と認められる企業会計の慣行に従うべきこと、同432条において、株式会社は、法務省令（会社計算規則）で定めるところにより、適時に、正確な会計帳簿を作成すべきことが定められている。

② 金融商品取引法による会計
　上場会社及びその子会社が不特定多数の投資家に財務諸表を開示するための会計であり、金融商品取引法第193条において、一般に公正妥当であると認められるところに従って内閣府令（財務諸表等規則）で定める用語、様式及び作成方法により財務諸表を作成すべきことが定められている。
　財務諸表の種類として、個別財務諸表と連結財務諸表の2つがある。
　また、会計年度として、本決算と四半期決算の2つがある。

③ 法人税法による会計
　法人が法人税を納めるための会計であり、法人税法第22条第4項において、当該事業年度の益金及び損金の額は、一般に公正妥当と認められる会計処理の基準に従って計算されるものとすると定められている。
　実際には、会社法による会計で作成された損益計算書の当期純利益に、法人税法で認められるもの、認められないものを加算・減算して、課税所得と納税額が計算される。

> なるほど。法人税法の他に会社法や金融商品取引法で定められている会計があるんだぁ。

1号　なるほど。財務諸表を読む人によって、会計の種類が違っているんだな。

2号　そうです。金融商品取引法による会計では、連結財務諸表と四半期決算の2つが特殊です。

ブラック　連結財務諸表??

2号　親会社だけの財務諸表、これを個別財務諸表って言いますが、この親会社だけの財務諸表だけでなく、子会社の財務諸表を合算したグループ全体の財務諸表を連結財務諸表って言います。

その連結財務表のみに関する会計処理のルールが、後ほど説明する企業会計基準にはあるんです。

ブラック 四半期決算？？

2号 財務諸表の作成単位である事業年度は通常1年ですよね？ でも、その1年だと短い、ということで、3か月を事業年度として財務諸表を作成する四半期決算というものがあるんです。

その四半期決算のみに関する会計処理のルールが、後ほど説明する企業会計基準にはあるんです。

2 法人税法における確定決算主義とは？

2号 あと、法人税法による会計を理解する上で、確定決算主義についても理解しておく必要があります。

ブラック 確定決算主義？？？

2号 そうです。法人税法による会計は、会社法による会計によって確定した決算の当期純利益を基礎に計算されることになります。

つまり、法人税法では、会社法によって確定した決算に係る損益計算書の当期純利益に、税法基準では認められない金額を加算・減算して税法の利益である課税所得が計算されます。これを確定決算主義と言います。

また、確定した決算に係る損益計算書において費用処理された金額を、法人税法による課税所得の計算において費用処理した金額とみなす損金経理要件もあります。

この確定決算主義が採用されていることによって、中小企業にとっては、課税所得の計算の手間を大幅に軽減することができることになります。

一方、確定決算主義を採用している関係上、法人税法で規定される処理により算出した金額が、金融商品取引法による会計や会社法による会計における金額として採用され、金融商品取引法による会計や会社法による会

計に影響を与える、いわゆる「逆基準性」の存在も指摘されています。

　つまり、後ほど説明する企業会計基準又は中小企業会計指針によって会社法による会計が作成される場合は、「法人税法による会計において、企業会計基準又は中小企業会計指針の会計処理が税法基準とどのように違うのか？」を理解する必要があります。

《課税所得計算のおおまかな流れ》

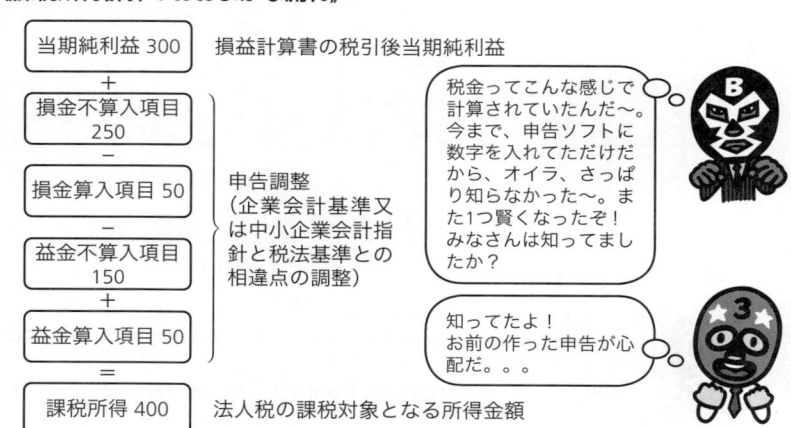

当期純利益 300	損益計算書の税引後当期純利益
＋	
損金不算入項目 250	
－	申告調整
損金算入項目 50	（企業会計基準又は中小企業会計指針と税法基準との相違点の調整）
－	
益金不算入項目 150	
＋	
益金算入項目 50	
＝	
課税所得 400	法人税の課税対象となる所得金額

税金ってこんな感じで計算されていたんだ〜。今まで、申告ソフトに数字を入れてただけだから、オイラ、さっぱり知らなかった〜。また1つ賢くなったぞ！みなさんは知ってましたか？

知ってたよ！
お前の作った申告が心配だ。。。

> 法人税法における確定決算主義の内容
>
> ① 確定申告
> 　法人は、各事業年度終了の日の翌日から2か月以内に税務署長に対し、確定した決算に基づき所得金額、税額等を記載した申告書を提出しなければならない（法人税法第74条）
>
> ② 公正処理基準
> 　法人税法に別段の定めのない益金・損金は、一般に公正妥当と認められる会計処理の基準に従って計算する（法人税法第22条第4項）
>
> ③ 損金経理要件
> 　法人がその確定した決算において費用又は損失として経理すること（法人税法第2条第25号）を言う。具体的には次の項目がある。
> ・減価償却資産の償却費の計算及びその償却の方法（法人税法第31条）
> ・繰延資産の償却費の計算及びその償却の方法（法人税法第32条）
> ・資産の評価損の損金不算入等（法人税法第33条）
> ・引当金の繰入額の損金算入（法人税法第52～54条）など
>
> ［出所］『中小企業の会計に関する研究会　中間報告書』（平成22年9月　中小企業の会計に関する研究会・中小企業庁）より

なるほど!!　税金計算は、決算処理した損益計算書が基になって作成されるってことなんだな！

3 適用される財務会計が異なる日本企業にはどんな種類があるの？

2号　次に、日本の企業には、会社の種類ごとにどの財務会計が適用されるのかが違っていて、その種類は次になります。

1号　同じ株式会社でも、財務会計に関連付けるといろいろな種類に分かれるんだな。

調査ファイル2
日本会計基準と税法基準はどこが違うの？

適用される財務会計が異なる日本企業の種類

① 上場会社
　証券取引所に上場している会社（上場はしていないが、金融商品取引法の開示をする必要のある会社を含む）（約4,900社※1）

② 上場会社の子会社
　上記①の上場会社の子会社

③ 会社法の大会社（上記①及び②を除く）
　資本金5億円以上又は負債総額200億円以上の会計監査の必要な会社（約10,000社※2）

④ 中小企業
　上記に該当しない会社（約2,600,000社※3）

※1『非上場会社の会計基準に関する懇談会　報告書』より、上場会社及び金商法開示会社の数の合計
※2『非上場会社の会計基準に関する懇談会　報告書』より、会社法大会社の数（上記②のうち、会社法の大会社に該当する数を含む）
※3『非上場会社の会計基準に関する懇談会　報告書』より、上記以外の株式会社の数（上記②のうち、会社法の大会社に該当しない数を含む）

> 関与先って言っても、いろいろと種類が違うんだ…。

4 それぞれの財務会計に適用される会計基準にはどんなものがあるの？

2号　そして、最後に、それぞれの財務会計に適用される会計基準の種類です。会計基準の種類は次のようなものがあります。

> **それぞれの財務会計に適用される会計基準の種類**
>
> ① 企業会計基準
> 　企業会計審議会が公表した企業会計原則や企業会計基準委員会（ASBJ）が開発・公表する企業会計基準
>
> ② 中小企業会計指針
> 　日本税理士会連合会、日本公認会計士協会、企業会計基準委員会及び日本商工会議所の民間4団体により策定された中小企業のための『中小企業の会計に関する指針』
>
> ③ 税法基準
> 　法人税法で定める又は認めている会計処理

（吹き出し：企業会計基準？中小企業会計指針？初耳だ。。。）

3号　日本には会計基準って、大きく分けて3つもあるんですね。意外だなぁ。

2号　それぞれの会計基準の内容は、後ほど説明しますが、会社の種類ごと、財務会計の種類ごとに適用される会計基準は次のようにまとめられます。

　これは、法律上適用されるべき会計基準と実務的に通常、適用されている会計基準を両方加味して示しています。

《会社ごとに適用される財務会計》

会社区分／種類		金融商品取引法による会計	会社法による会計	法人税法による会計
財務諸表の種類		個別財務諸表 連結財務諸表	個別財務諸表	個別財務諸表
会計年度の種類		本決算	本決算	本決算
		四半期決算		
上場会社	証券取引所に上場している会社	◎ 企業会計基準	◎ 企業会計基準	◎ 税法基準
上場会社の子会社	上場会社の子会社	◎ 企業会計基準	◎ 企業会計基準	◎ 税法基準

調査ファイル2
日本会計基準と税法基準はどこが違うの？

会社法の大会社（上記を除く）	資本金5億円以上又は負債総額200億円以上の会計監査の必要な会社	× 適用なし	◎ 企業会計基準	◎ 税法基準
中小企業	上記に該当しない会社	× 適用なし	◎ 中小企業会計指針又は税法基準	◎ 税法基準

1号 なるほど。会社の種類ごとに、適用される財務会計が違って、さらに、その財務会計ごとに適用される会計基準が異なるんだ！

5 中小企業は、中小企業会計指針と税法基準のどっちを使っているの？

ブラック ちなみに、中小企業は、会社法による会計で、中小企業会計指針と税法基準のいずれかを適用しているんですよね？　どっちが多いんですか？

2号 これについては、『中小企業の会計に関する研究会　中間報告書』（平成22年9月　中小企業の会計に関する研究会・中小企業庁）において、次のようなコメントがなされています。

> ● 中小指針の利用実態として、中小企業庁において実施したアンケートの結果では、中小指針に完全に準拠している企業が14.2％、一部に準拠している企業が、17.7％となっており、中小指針に完全準拠もしくは一部準拠している企業は約3割となっている。
> ● これについては、税理士が中小企業の計算書類の作成を補助する際に中小指針は従業員10人程度の小規模企業においても活用されているとする意見
> ● 信用保証協会の保証料割引制度に係る確認書類（チェックリスト）が広く活用されているため中小指針は十分に普及がされているとする意見があった。

- 他方で、多くの税理士は、チェックリストは認知するものの、中小指針は認知していないとする意見
- 金融機関の審査においてチェックリストが添付された例はほとんど見たことがないとする意見
- 中小企業は信用保証協会の保証料割引制度を利用する場合において中小指針を意識せず、税理士が中小企業からの求めに応じてチェックリストを作成しているケースが存在しているとする意見があった。

ブラック この「信用保証協会の保証料割引制度」って何なの？

2号 信用保証協会の保証料割引制度とは、全国の信用保証協会において、中小企業が、「中小企業の会計に関する指針」に準拠して計算書類（決算書）を作成している場合、信用保証料率の割引をする制度です。

計算書類が「中小企業の会計に関する指針」に準拠している場合、保証審査コストの軽減が見込まれるという理由で、保証率を割引しています。

計算書類が「中小企業の会計に関する指針」に準拠しているかどうかの証明は、財務諸表の作成に携わった公認会計士又は税理士の署名・押印のある『「中小企業の会計に関する指針」の適用に関するチェックリスト』の提出が必要になるんです。

3号 つまり、ほとんどの中小企業が税法基準によって財務諸表を作成していて、金融機関からお金を借りるときは、中小企業会計指針に従っているか確認する程度にしか中小企業会計指針を使っていない、ってことなのかもしれませんね。

2号 そうとも言えますね。

1号 じゃあ、会社の種類ごと、かつ、財務会計ごとに適用される会計基準が整理されたところで、それぞれの会計基準はどんなものがあって、どんな会計処理を定めているのか説明してくれよ、2号！

6 企業会計基準とは（その1）
～減損会計～

1号 まず、上場会社、上場会社の子会社、会社法の大会社で適用される企業会計基準はどのようなものがあるの？

2号 企業会計基準は、会計事象別に次のような種類があります。覚悟してください(^-^)/ 主なものだけですが、たくさんありますよ。

まずは、企業会計審議会が作成した会計基準とその解釈を示す実務指針があります。次に、現在の会計基準策定団体である企業会計基準委員会、通称、ASBJの作成している企業会計基準とその解釈を示す適用指針、そして、個別の会計処理を定める実務対応報告があります。また、公認会計士協会の各委員会が作成している監査上の取扱いのうち、実質的に会計基準化しているものもあります。

ブラック うげ～。

1号 じゃあ、誰が作ったかはいいから、論点ごとに会計処理を教えてくれよ。

2号 わかりました。まず、固定資産の会計処理に関する会計基準があります。

《固定資産・減損会計関係》

タイトル	発行者
固定資産の減損に係る会計基準	企業会計審議会
固定資産の減損に係る会計基準の適用指針	企業会計基準適用指針第6号 企業会計基準委員会
資産除去債務に関する会計基準	企業会計基準第18号 企業会計基準委員会
資産除去債務に関する会計基準の適用指針	企業会計基準適用指針第21号 企業会計基準委員会
減価償却に関する当面の監査上の取扱い	監査・保証実務委員会報告第81号 日本公認会計士協会

耐用年数の適用、変更及び表示と監査上の取扱い	監査第一委員会報告第 32 号　日本公認会計士協会

🎭 ブラック　減損??

2号　減損会計とは、有形・無形固定資産の収益性が低下して投資額の回収が見込めなくなった場合、当該資産の帳簿価額を時価まで切り下げる会計処理（減損処理）をいいます。

具体的な減損処理は、次の〈ステップ 1〉～〈ステップ 3〉で行います。

＜ステップ1＞減損の兆候

資産又は資産グループに減損が生じている可能性を示す事象（減損の兆候）がある場合には、当該資産又は資産グループについて、減損損失を認識するかどうかの判定を行う。この減損の兆候がない資産又は資産グループは、減損処理が行われない。

減損の兆候としては、例えば、次の事象が考えられる。

① 資産又は資産グループが使用されている営業活動から生ずる損益又はキャッシュ・フローが、継続してマイナスとなっているか、あるいは、継続してマイナスとなる見込みであること

② 資産又は資産グループが使用されている範囲又は方法について、当該資産又は資産グループの回収可能価額を著しく低下させる変化が生じたか、あるいは、生ずる見込みであること

③ 資産又は資産グループが使用されている事業に関連して、経営環境が著しく悪化したか、あるいは、悪化する見込みであること

④ 資産又は資産グループの市場価格が著しく下落したこと

> いちいち全部の資産を減損するのは面倒だから、減損の兆候があるものだけ、次のステップに進めるようにしたんだな。当たりをつける審査みたいなもんだな。

＜ステップ２＞減損損失の認識

① 減損の兆候がある資産又は資産グループについての減損損失を認識するかどうかの判定は、資産又は資産グループから得られる割引前将来キャッシュ・フローの総額と帳簿価額を比較することによって行い、資産又は資産グループから得られる割引前将来キャッシュ・フローの総額が帳簿価額を下回る場合には、減損損失を認識する。

② 減損損失を認識するかどうかを判定するために割引前将来キャッシュ・フローを見積もる期間は、資産の経済的残存使用年数又は資産グループ中の主要な資産の経済的残存使用年数と20年のいずれか短いほうとする。

> 割引前将来キャッシュ・フローの総額＜帳簿価額
>
> ↓
>
> 減損損失の認識！

> さっき、減損の兆候があるかもって当たりをつけたものについて、実際に損失があるかどうかを確認するんだな。

＜ステップ3＞減損損失の測定

① 減損損失を認識すべきであると判定された資産又は資産グループについては、帳簿価額を回収可能価額まで減額し、当該減少額を減損損失として当期の損失とする。

② 回収可能価額とは、正味売却価額と使用価値のいずれか高いほうの金額をいう。また、使用価値とは、将来キャッシュ・フローの割引現在価値をいう。

> 回収可能価額＝正味売却価額 or 使用価値
>
> ↓
>
> いずれか高いほうで評価！
> 減損損失＝帳簿価額－回収可能価額

> 実際の減損損失の金額を計算するんだな。

7 企業会計基準とは（その2）
～資産除去債務～

2号 固定資産の会計処理については、減損会計の他に資産除去債務の会計基準もあります。

ブラック 資産除去債務??

2号 資産除去債務の会計基準の目的や会計処理は、次のとおりです。

《資産除去債務に関する会計基準とは？》

〈目的〉
　法律や契約等の上で、有形固定資産の除去義務がある場合に、その資産取得時に除去費用（資産除去債務）を負債計上するとともに、有形固定資産の減価償却を通じて費用化する会計処理

① 有形固定資産の除去に伴う不可避的な支出を負債計上し、
② その発生時における現在価値を当該有形固定資産の帳簿価額に加えて、
③ 減価償却を通じて各期に費用配分する
④ また、その現在価値と割引前の将来支出金額との差額を時の経過による調整額として費用計上

> 資産を最後に廃棄する時のコストを事前に未払計上しようってことなんだ。
> 土地以外は、そのコストは資産の取得価額に入れて減価償却で費用処理していくのか。。。

〈資産除去債務とは〉
　有形固定資産の取得、建設、開発又は通常の使用によって生じ、当該有形固定資産の除去に関して法令又は契約で要求される法律上の義務及びそれに準ずるものをいう。
　⇒資産除去債務は、有形固定資産の取得、建設、開発又は通常の使用によって発生した時に負債として計上する。

〈会計処理〉

① 取得時

| 有 形 固 定 資 産　×××　／　資 産 除 去 債 務　××× |

資産除去債務を負債として計上した時に、当該計上額と同額を、関連する有形固定資産の帳簿価額に加える。

資産除去債務は、有形固定資産の取得、建設、開発又は通常の使用によって発生した時に負債として計上する（金額は下記のとおり）。

② 毎期末

| 減 価 償 却 費　×××　／　有 形 固 定 資 産　××× |

除去費用は、減価償却を通じて、当該有形固定資産の残存耐用年数にわたり、各期に費用配分する。

| 費用(利息費用)※　×××　／　資 産 除 去 債 務　××× |
※資産除去債務の期首残高×当初の割引率

期首の資産除去債務の帳簿価額に当初負債計上時の割引率を乗じて算定する時の経過による資産除去債務の調整額は、その発生時の費用として処理する。

〈資産除去債務の算定〉

資産除去債務＝割引前の将来キャッシュ・フローの現在価値
　　　　　　＝将来キャッシュ・フローの見積額÷(1＋割引率)^{耐用年数}

■割引前の将来キャッシュ・フローとは…
　・合理的で説明可能な仮定及び予測に基づく<u>自己の支出見積り</u>による。
　・その見積金額は、生起する可能性の最も高い単一の金額又は生起し得る複数の将来キャッシュ・フローをそれぞれの発生確率で加重平均した金額（期待値）とする。
　・将来キャッシュ・フローには、有形固定資産の除去に係る作業のために直接要する支出のほか、処分に至るまでの支出（例えば、保管や管

理のための支出）も含める。
■割引率とは …
　割引率は、貨幣の時間価値を反映した無リスクの税引前の利率とする。
　⇒利付国債の流通利回り（将来 CF が発生するまでの期間に対応した償還期間）

8 企業会計基準とは（その3）
～リース会計基準～

2号　次に、リース取引の会計処理に関する会計基準があります。

《リース取引関係》

タイトル	発行者
リース取引に関する会計基準	企業会計基準第 13 号　企業会計基準委員会
リース取引に関する会計基準の適用指針	企業会計基準適用指針第 16 号　企業会計基準委員会

ブラック　リース取引は、支払ったリース料を賃借料として販管費に計上すればいいだけじゃなかったっけ？

2号　リース取引の会計基準は、リース取引を所有権移転ファイナンス・リース取引、所有権移転外ファイナンス・リース取引、オペレーティング・リース取引の 3 つに区別して、それぞれで売買処理、あるいは、賃貸借処理を適用することを規定している基準です。

　具体的には、次のように処理が規定されています。

分類1	定義1	分類2	定義2	借手の会計処理
ファイナンス・リース取引	次のいずれも満たすリース取引を言う。 ①ノンキャンセラブル（解約不能）のリース取引 ②フルペイアウトのリース取引 具体的には、次の(1)又は(2)のいずれかに該当する場合には、ファイナンス・リース取引と判定される。 (1)現在価値基準 解約不能のリース期間中のリース料総額の現在価値が、見積現金購入価額のおおむね90％以上であること (2)経済的耐用年数基準 解約不能のリース期間が、当該リース物件の経済的耐用年数のおおむね75％以上であること	所有権移転ファイナンス・リース取引	次の①から③のいずれかに該当する場合には、所有権移転ファイナンス・リース取引に該当する。 ①リース契約上、リース期間終了後又はリース期間の中途で、リース物件の所有権が借り手に移転することとされているリース取引 ②リース契約上、借り手に対して、リース期間終了後又はリース期間の中途で、名目的価額又はその行使時点のリース物件の価額に比して著しく有利な価額で買い取る権利（割安購入選択権）が与えられており、その行使が確実に予想されるリース取引 ③リース物件が、借り手の用途等にあわせて特別の仕様により製作又は建設されたものであって、当該リース物件の返還後、貸し手が第三者に再びリース又は売却することが困難であるため、その使用可能期間を通じて借り手によってのみ使用されることが明らかなリース取引	売買処理 ● ただし、リース資産及びリース債務の計上額は、貸し手の購入価額。貸し手の購入価額が明らかでない場合は、リース料総額の割引現在価値と見積現金購入価額のいずれか低い額。 ● また、リース資産の償却は、自己所有の固定資産に適用する減価償却方法と同一の方法を適用する。この場合の耐用年数は経済的使用可能予測期間とする。

		所有権移転外ファイナンス・リース取引	上記以外のファイナンス・リース取引を言う。	売買処理 ● ただし、リース資産及びリース債務の計上額は、貸し手の購入価額が明らかな場合は、リース料総額の割引現在価値と貸し手の購入価額のいずれか低い額。貸し手の購入価額が明らかでない場合は、リース料総額の割引現在価値と見積現金購入価額のいずれか低い額。 ● また、リース資産の減価償却費は、リース期間を耐用年数とし、残存価額をゼロとして計算する（リース期間定額法）。
オペレーティング・リース取引	ファイナンス・リース取引以外のリース取引を言う。	ー	ー	賃貸借処理

> 日本では所有権移転外ファイナンス・リース取引（売買処理）とオペレーティング・リース取引（賃貸借処理）がほとんどなんだなぁ。

9 企業会計基準とは（その4）
～金融商品会計（有価証券）～

2号 次に、金融商品の会計処理に関する会計基準があります。

《金融商品関係》

タイトル	発行者
金融商品に関する会計基準	企業会計基準第10号 企業会計基準委員会
金融商品会計に関する実務指針	会計制度委員会報告第14号 日本公認会計士協会
金融商品会計に関するQ&A	会計制度委員会 日本公認会計士協会
払込資本を増加させる可能性のある部分を含む複合金融商品に関する会計処理	企業会計基準適用指針第17号 企業会計基準委員会
その他の複合金融商品（払込資本を増加させる可能性のある部分を含まない複合金融商品）に関する会計処理	企業会計基準適用指針第12号 企業会計基準委員会
金融資産の時価の算定に関する実務上の取扱い	実務対応報告第25号 企業会計基準委員会
金融商品の時価等の開示に関する適用指針	企業会計基準適用指針第19号 企業会計基準委員会
信託の会計処理に関する実務上の取扱い	実務対応報告第23号 企業会計基準委員会
金融資産の時価の算定に関する適用指針	実務対応報告第25号 企業会計基準委員会
債券の保有目的区分の変更に関する当面の取扱い	実務対応報告第26号 企業会計基準委員会
ローン・パティシエーションの会計処理及び表示	会計制度委員会報告第3号 日本公認会計士協会

ブラック 金融商品??

2号 金融商品の会計処理と言っても、実際には、有価証券、貸倒引当金、ゴルフ会員権など、定められている会計処理は多岐にわたります。

まず、有価証券の会計処理ですが、評価方法は有価証券の種類ごとに次のようにまとめられます。

分類		評価方法
売買目的有価証券		時価評価 評価差額は損益計算書の損益に計上
満期保有目的債券		取得原価 債券金額と取得価額に差額がある場合は、償却原価法
子会社株式及び関連会社株式		取得原価
その他有価証券	時価のあるもの	時価評価 評価差額は税効果を控除後の金額で貸借対照表の純資産に計上（全部純資産直入法の場合）
	時価のないもの	取得原価

> 関与先が金融機関でない限り、その他有価証券がほとんどじゃないかな。
> 上場株式は時価評価、非上場株式は簿価評価なんだな。

3号 減損についてはどうなっていますか？

2号 減損についてですが、売買目的有価証券以外の有価証券について、時価が著しく下落した場合は、評価損を当期の損失に計上して、時価で評価しないといけません。これを有価証券の減損処理と言います。

分類	減損処理	判断基準
時価のある有価証券	時価が著しく下落したときは、回復する見込みがあると認められる場合を除き、当該時価をもって貸借対照表価額とし、評価差額を当期の損失として減損処理をする。	● 時価が著しく下落したとは？ 時価のある有価証券の時価が「著しく下落した」ときとは、有価証券の時価が取得原価に比べて50％程度以上下落した場合には「著しく下落した」ときに該当する。この場合には、合理的な反証がない限り、時価が取得原価まで回復する見込みがあるとは認められないため、減損処理を行わなければならない。 ● 回復可能性とは？ 時価の下落について「回復する見込みがある」と認められるときとは、株式の場合、時価の下落が一時的なものであり、期末日後おおむね1年以

		内に時価が取得原価にほぼ近い水準にまで回復する見込みのあることを合理的な根拠をもって予測できる場合を言う。この場合の合理的な根拠は、個別銘柄ごとに、株式の取得時点、期末日、期末日後における市場価格の推移及び市場環境の動向、最高値・最安値と購入価格との乖離状況、発行会社の業況等の推移等、時価下落の内的・外的要因を総合的に勘案して検討することが必要である。ただし、株式の時価が過去2年間にわたり著しく下落した状態にある場合や、株式の発行会社が債務超過の状態にある場合又は2期連続で損失を計上しており、翌期もそのように予想される場合には、通常は回復する見込みがあるとは認められない。
時価のない有価証券	株式の発行会社の財政状態の悪化により実質価額が著しく低下したときは、相当の減額を行い、評価差額は当期の損失として減損処理をする。	●財政状態の悪化とは？ 1株当たりの時価純資産価額が、株式を取得したときのそれと比較して相当程度下回っている場合をいう。 ●実質価額が著しく低下したときとは？ 株式の実質価額である時価純資産価額が取得原価に比べて50％程度以上低下した場合を言う。 ただし、株式の実質価額について、回復可能性が十分な証拠によって裏付けられる場合には、期末において相当の減額をしないことも認められる。

> 会計の減損の判断は形式的なイメージがあるぞ。実質判断だと恣意的な処理になるからなぁ。

10 企業会計基準とは（その5）
〜金融商品会計（貸倒引当金）〜

2号 次に、貸倒引当金に関する会計処理ですが、貸倒引当金は、債権を債務者の財政状態及び経営成績に応じて3つの種類に区分して、その債権区分ごとに計算方法が定められています。

債権区分	定義	貸倒引当金の計算方法
一般債権	経営状態に重大な問題が生じていない債務者に対する債権	過去の貸倒実績率 貸倒実績率は、債権の平均回収期間を算定期間とする。
貸倒懸念債権	経営破綻の状態には至っていないが、債務の弁済に重大な問題が生じているか又は生じる可能性の高い債務者に対する債権	次のいずれかの方法 ① 財務内容評価法 　貸倒引当金＝債権額－（担保処分見込額＋保証による回収見込額）※ ※ 上記のうち、債務者の財政状態及び経営成績を考慮して貸倒引当金を算定。 ② キャッシュ・フロー見積法 　貸倒引当金＝債権の元本の回収及び利息の受取りに係るキャッシュ・フローの割引現在価値
破産更生債権	経営破綻又は実質的に経営破綻に陥っている債務者に対する債権	財務内容評価法 　貸倒引当金＝債権額－（担保処分見込額＋保証による回収見込額）

> 個別評価金銭債権と一括評価金銭債権に分類する税法とは、債権の区分が違うぞ。しかも、財務内容評価法、キャッシュ・フロー見積法なんて会計独特だぞ。

11 企業会計基準とは（その6）
～金融商品会計（ゴルフ会員権）～

2号 また、ゴルフ会員権についても、時価が著しく下落し、回復の可能性がない場合（時価があるもの）、又は発行会社の財政状態が著しく悪化した場合（時価のないもの）には、次のように減損処理を行う必要があります。

保有形態	減損処理の方法
株式	時価で評価し、評価損を計上
預託保証金	預託保証金額を上回る部分は直接評価損を計上し、下回る部分は貸倒引当金を計上する。

12 企業会計基準とは（その7）
～研究開発費及びソフトウェア会計～

2号 次に、研究開発費及びソフトウェアの会計処理に関する会計基準があります。

《研究開発費・ソフトウェア関係》

タイトル	発行者
研究開発費等に係る会計基準	企業会計審議会
『研究開発等に係る会計基準』の一部改正	企業会計基準第23号 企業会計基準委員会
研究開発及びソフトウェアの会計処理に関する実務指針	会計制度委員会報告第12号 日本公認会計士協会
研究開発及びソフトウェアの会計処理に関するQ&A	―
ソフトウェア取引の収益の会計処理に関する実務上の取扱い	実務対応報告第17号 企業会計基準委員会

ブラック 研究開発費とソフトウェアの会計処理??

2号 まず、研究開発費の会計処理については、すべて発生時に費用として処理することとし、費用として処理する方法には、一般管理費として処理する方法と当期製造費用として処理する方法を定めています。

また、ソフトウェアについては、ソフトウェア制作費のうち、研究開発に該当する部分は、研究開発費として費用処理しますが、研究開発費に該当しないソフトウェア制作費に係る会計処理は次のように定められています。

	ソフトウェア区分	会計処理	計上科目	減価償却方法
1	受注制作のソフトウェアに係る会計処理	受注制作のソフトウェアの制作費は、請負工事の会計処理に準じて処理する。	棚卸資産	売上計上時に原価計上

2	市場販売目的のソフトウェアに係る会計処理	● 市場販売目的のソフトウェアである製品マスターの制作費は、研究開発費に該当する部分を除き、資産として計上しなければならない。 ● ただし、製品マスターの機能維持に要した費用は、資産として計上してはならない。	無形固定資産	見込販売数量又は見込販売収益法に基づく償却方法。ただし、毎期の減価償却費は残存有効期間（3年以内）に基づく均等配分額を下回ってはならない。
3	自社利用のソフトウェアに係る会計処理	● ソフトウェアを用いて外部へ業務処理等のサービスを提供する契約等が締結されている場合のように、その提供により将来の収益獲得が確実であると認められる場合には、適正な原価を集計したうえ、ソフトウェアの制作費用を資産として計上しなければならない。 ● 社内利用のソフトウェアについては、完成品を購入した場合のように、その利用により将来の収益獲得又は費用削減が確実であると認められる場合には、ソフトウェアの取得に要した費用を資産として計上しなければならない。 ● 機械装置等に組み込まれているソフトウェアについては、機械装置等に含めて処理する。	無形固定資産	5年以内の定額法

> すべての研究開発費は費用処理かぁ。
> ソフトウェアは販売用か社内利用かによって、処理が違うんだな。

調査ファイル2
日本会計基準と税法基準はどこが違うの？

13 企業会計基準とは（その8）
〜外貨建取引等会計〜

2号 次に、外貨建取引等の会計処理に関する会計基準があります。

《外貨建取引等関係》

タイトル	発行者
外貨建取引等会計処理基準	企業会計審議会
外貨建取引等の会計処理に関する実務指針	会計制度委員会報告第4号 日本公認会計士協会

1号 この会計基準では、外国通貨の取引や資産をどうやって日本円に換算するか決めているの？

2号 はい。この外貨建取引等の会計基準では、外貨換算のルールは次のようになっています。

換算のタイミング	資産の種類			換算方法	換算差額又は決算差額の処理
1	取引時の処理	―		取引発生時の為替相場により換算	―
2	決算時の処理	外国通貨		決算時の為替相場により換算	為替差損益として処理
		外貨建金銭債権債務（外貨預金を含む）		決算時の為替相場により換算	為替差損益として処理
		外貨建有価証券	売買目的有価証券	期末時価を決算時の為替相場により換算	為替差損益として処理
			満期保有目的の外貨建債券	取得原価又は償却原価を決算時の為替相場により換算	為替差損益として処理
			その他有価証券（償還期限及び償還金額のあるもの）	期末時価を決算時の為替相場により換算	換算差額は純資産の部に計上（全部純資産直入法の場合）。ただし、外国通貨による時価の

				変動に係る換算差額を評価差額として純資産の部に計上し（全部純資産直入法の場合）、それ以外の換算差額については為替差損益として処理することができる。
		その他有価証券（償還期限及び償還金額のないもの）	期末時価を決算時の為替相場により換算	換算差額は純資産の部に計上（全部純資産直入法の場合）。
		子会社株式及び関連会社株式	取得時の為替相場	—
		外貨建有価証券について時価の著しい下落又は実質価額の著しい低下により評価額の引下げが求められる場合	外貨建有価証券の時価又は実質価額は、外国通貨による時価又は実質価額を決算時の為替相場により換算	有価証券評価損として処理
	デリバティブ取引等		決算時の為替相場により換算	為替差損益として処理
3	決済に伴う損益の処理	—	決済時の為替相場により換算	為替差損益として処理

> 関係会社株式以外は、ほとんどの資産が決算時で評価替えするんだな。

14 企業会計基準とは（その9）
～退職給付会計～

2号 次に、退職給付引当金の会計処理に関する会計基準があります。

《退職給付関係》

タイトル	発行者
退職給付に係る会計基準	企業会計審議会
「退職給付に係る会計基準」の一部改正	企業会計基準第3号 企業会計基準委員会
退職給付に係る会計基準の一部改正（その2）	企業会計基準第14号 企業会計基準委員会
「退職給付に係る会計基準」の一部改正（その3）	企業会計基準第19号 企業会計基準委員会
退職給付会計に関する実務指針（中間報告）	会計制度委員会報告第13号 日本公認会計士協会
「退職給付に係る会計基準」の一部改正に関する適用指針	企業会計基準適用指針第7号 企業会計基準委員会
退職給付会計に関するQ&A	会計制度委員会 日本公認会計士協会
退職給付制度間の移行等に関する会計処理	企業会計基準適用指針第1号 企業会計基準委員会
退職給付制度間の移行等の会計処理に関する実務上の取扱い	実務対応報告第2号 企業会計基準委員会
厚生年金基金に係る交付金の会計処理に関する当面の取扱い	実務対応報告第22号 企業会計基準委員会

3号 この会計基準だと、退職金の引当金はどうやって計算することに決まっているんですか？

2号 はい。この会計基準によると退職給付引当金は、次のように計算されます。

《退職給付引当金の計算①：従業員300名以上の原則法》

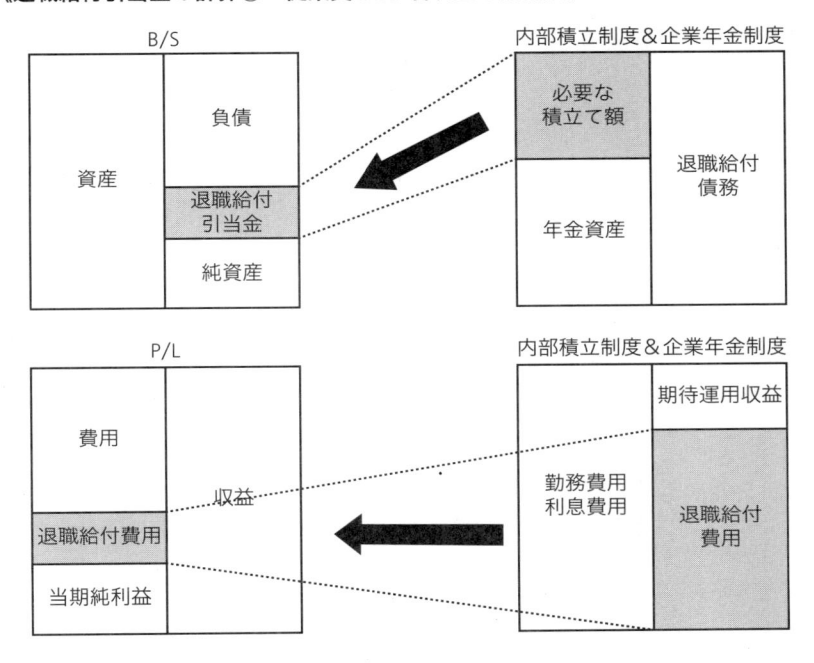

[B/S 図：資産／負債・退職給付引当金・純資産 ← 内部積立制度＆企業年金制度：必要な積立て額、年金資産、退職給付債務]

[P/L 図：費用・退職給付費用・当期純利益／収益 ← 内部積立制度＆企業年金制度：期待運用収益、勤務費用・利息費用、退職給付費用]

退職給付債務（PBO）：
　退職時に見込まれる退職給付の総額（退職給付見込額）のうち、期末までに発生していると認められる額を一定の割引率及び予想される退職時から現在までの期間（残存勤務期間）に基づき割り引いて計算する。
　年齢構成、退職率、死亡率などを使って複雑に計算するため、年金数理人や信託銀行など外部の専門家でないと計算できないことが一般的。

勤務費用：
　退職給付見込額のうち当期に発生したと認められる額を一定の割引率及び残存勤務期間に基づき割り引いて計算する。

利息費用：
　期首の退職給付債務に割引率を乗じて計算する。

期待運用収益：
　期首の年金資産の額について期待運用収益率を乗じて計算する。

《退職給付引当金の計算②：従業員 300 名未満の簡便法》

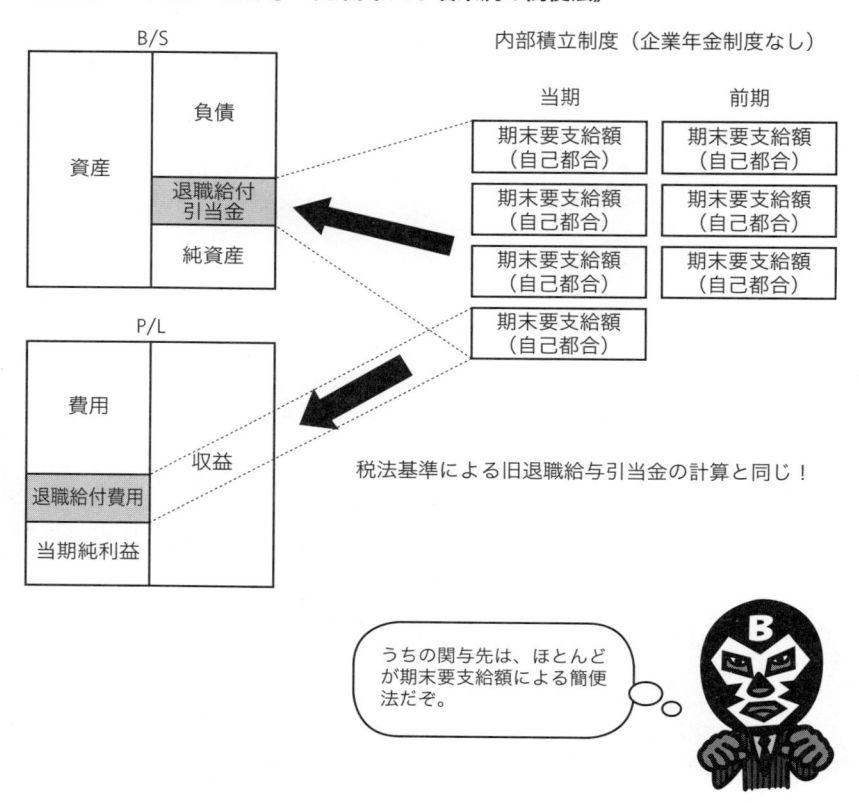

内部積立制度（企業年金制度なし）

［B/S 図：資産／負債・退職給付引当金・純資産］
［P/L 図：費用・退職給付費用・当期純利益／収益］

当期・前期の期末要支給額（自己都合）が退職給付引当金および退職給付費用へ対応。

税法基準による旧退職給与引当金の計算と同じ！

> うちの関与先は、ほとんどが期末要支給額による簡便法だぞ。

15 企業会計基準とは（その10）
～工事契約～

2号 次に、工事契約の会計処理に関する会計基準があります。

●工事契約関係

タイトル	発行者
工事契約に関する会計基準	企業会計基準第 15 号 企業会計基準委員会
工事契約に関する会計基準の適用指針	企業会計基準適用指針第 18 号 企業会計基準委員会

3号 工事契約といっても、ソフトウェアの受注制作についても、このルールが適用されるんですか？

2号 そうです。この会計基準では、次のように、工事契約及びソフトウェアの受注制作の売上計上基準として、工事進行基準と工事完成基準のどちらをどのように適用するかについてのルールが定められています。

《工事契約に関する会計基準》

〈目的〉
　一定の要件（成果の確実性）を満たす工事契約※及び受注制作のソフトウェアについて、「工事進行基準」が強制適用される。

> ※「工事契約」とは…
> 　仕事の完成に対して対価が支払われる請負契約のうち、土木、建築、造船や一定の機械装置の製造等、基本的な仕様や作業内容を顧客の指図に基づいて行うものを言う。

[主な適用業種]
① 建設業（土木・建築工事等）
② 機械装置の製造
③ 造船
④ ソフトウェア開発（受注制作のものに限る）

[工事契約の対象外]
① 請負契約であっても、専らサービスの提供を目的とする契約
② 外形上は工事契約に類似する契約であっても、（仕事の完成ではなく）工事に係る労働サービスの提供そのものを目的とするような契約
③ 機械装置の製造であっても、標準品の製造である場合

〈工事進行基準とは〉
　工事契約に関して、工事収益総額、工事原価総額及び決算日における工事進捗度を合理的に見積もり、これに応じて当期の工事収益及び工事原価を認識する方法

〈工事完成基準とは〉
　工事契約に関して、工事が完成し、目的物の引渡しを行った時点で、工事収益及び工事原価を認識する方法

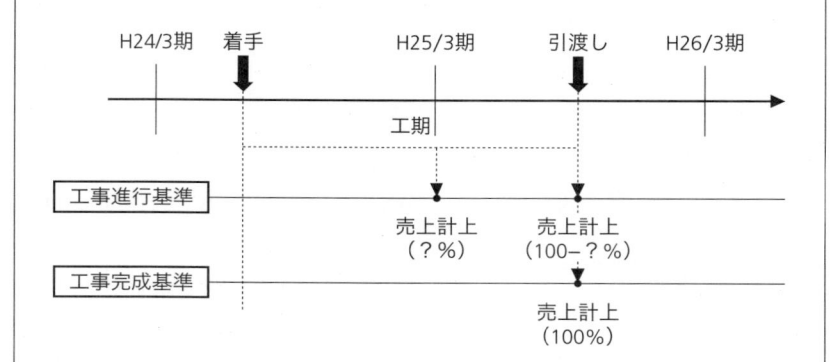

```
    H24/3期    着手      H25/3期         引渡し     H26/3期
      |         ↓          |              ↓          |
      |                    工期                       
                          
工事進行基準 ――――――――――●―――――――●――――――――――
                       売上計上    売上計上
                       （？％）  （100－？％）

工事完成基準 ――――――――――――――――――▼――――――――――
                                  売上計上
                                  （100％）
```

〈成果の確実性〉

　成果の確実性が認められるためには、次の各要素について、信頼性をもって見積もることができなければならない。

要件	具体的内容
(1) 工事収益総額 →工事収益総額について信頼性をもって見積もることができること	■施工者に当該工事を完成させるに足りる十分な能力があり、かつ、完成を妨げる環境要因が存在しないこと ■工事契約等において当該工事についての対価の定めがあること（対価の額に関する定め、対価の決済条件及び決済方法に関する定め）
(2) 工事原価総額 →工事原価総額について信頼性をもって見積もることができること	■工事原価の事前の見積りと実績を対比することにより、適時・適切に工事原価総額の見積りの見直しが行われること（実行予算や工事原価等に関する管理体制の整備が不可欠） ■工事原価は原価計算基準により適正に算定
(3) 決算日における工事進捗度 →工事進捗度について信頼性をもって見積もることができること	■決算日における工事進捗度を見積もる方法として原価比例法を採用する場合には、(2)の要件が満たされれば、通常、決算日における工事進捗度も信頼性をもって見積もることができる。

　　┌── 成果の確実性が認められる場合　➡　工事進行基準
　　└── 成果の確実性が認められない場合　➡　工事完成基準

成果の確実性が認められるものだけ、工事進行基準が適用されるんだな。

〈会計処理（工事進行基準）〉
　工事進行基準を適用する場合には、工事収益総額、工事原価総額及び決算日における工事進捗度を合理的に見積もり、これに応じて当期の工事収益及び工事原価を損益計算書に計上する。
① 工事代の発生
　　　未成工事支出金 ××× ／ 現　預　金 ×××
② 決算日
　　　工事未収入金　××× ／ 売　　　　上 ×××　→　進捗度により見積計上
　　　売　上　原　価　××× ／ 未成工事支出金 ×××
③ 完成引渡時
　　　工事未収入金　××× ／ 売　　　　上 ×××　→　残りを計上
　　　売　上　原　価　××× ／ 未成工事支出金 ×××　→　残りを計上

〈会計処理（工事完成基準）〉
　工事完成基準を適用する場合には、工事が完成し、目的物の引渡しを行った時点で、工事収益及び工事原価を損益計算書に計上する。
① 工事代金の発生
　　　未成工事支出金 ××× ／ 現　預　金 ×××
② 決算日
　　　仕訳なし
③ 完成引渡時
　　　工事未収入金　××× ／ 売　　　　上 ×××　→　全額を計上
　　　売　上　原　価　××× ／ 未成工事支出金 ×××　→　全額を計上

〈進捗率はどうやって測定するのか？〉
　　　　　工事進捗率　⇒　工事収益総額×工事進捗率＝売上計上額
　決算日における工事進捗度は、原価比例法等の、工事契約における施工者の履行義務全体との対比において、決算日における当該義務の遂行の割合を合理的に反映する方法を用いて見積もる。
　　⇒原価比例法（工事原価総額のうち、期末時点でいくら発生したのか？）
　　　　　進捗度(%)＝ 工事原価発生額／工事原価総額 ×100%
　工事契約の内容によっては、原価比例法以外にも、より合理的に工事進捗度を把握することが可能な見積方法を採用することができる。
　　⇒ファンクションポイント法（FP法）、Earned Value方式（EVM法）、直接作業時間比率、施工面積等を基準とした技術進捗率法など

16 企業会計基準とは（その11）
～ストック・オプション会計～

2号　次に、ストック・オプションの会計処理に関する会計基準があります。

《ストック・オプション関係》

タイトル	発行者
ストック・オプション等に関する会計基準	企業会計基準第8号　企業会計基準委員会
ストック・オプション等に関する会計基準の適用指針	企業会計基準適用指針第11号　企業会計基準委員会

ブラック　ストック・オプション??

2号　ストック・オプションとは、会社が取締役や従業員に対して、あらかじめ定められた価額（権利行使価額）で会社の株式を取得することのできる権利、これを新株予約権といいますが、この新株予約権を付与し、取締役や従業員は将来、株価が上がった時点で権利行使を行い、会社の株式を取得し、売却することにより、株価上昇分の利益が得られるという報酬制度のことをいいます。

　この会計基準では、ストック・オプションの付与は、従業員の労働の対価であると考えて、ストック・オプションの公正価値を付与日から権利確定日の期間に費用配分することを定めています。

ストック・オプションの会計処理

① 権利付与時（付与日～権利確定日）
　　株式報酬費用（損益計算書）／新株予約権（純資産の部）

② 権利確定日
　　現　預　金／資　本　金
　　新株予約権／

③ 権利失効日
　　新株予約権／新株予約権戻入益（特別利益）

株式報酬費用＝ストック・オプションの公正な評価額

⬇

ブラック・ショールズモデル（誰それ？）など金融工学による計算により算出される。
・非上場会社の場合…
「公正な評価額＝付与時の株式の時価－行使価額」で算定するため、税制適格要件を満たすストック・オプションの場合は、公正な評価額がゼロとなり、会計処理は生じない。

> 非上場会社だと、ストック・オプションを税制適格にするから、実際には会計処理は生じないのか。。。

17 企業会計基準とは（その12）
～税効果会計～

2号　次に、税効果会計の会計処理に関する会計基準があります。

●税効果会計関係

タイトル	発行者
税効果会計に係る会計基準	企業会計審議会
個別財務諸表における税効果会計に関する実務指針	会計制度委員会報告第10号　日本公認会計士協会
税効果会計に関するQ&A	会計制度委員会　日本公認会計士協会

繰延税金資産の回収可能性の判断に関する監査上の取扱い	監査委員会報告第66号 日本公認会計士協会
連結納税制度を適用する場合の税効果会計に関する当面の取扱い（その1）	実務対応報告第5号 企業会計基準委員会
連結納税制度を適用する場合の税効果会計に関する当面の取扱い（その2）	実務対応報告第7号 企業会計基準委員会

3号 この税効果会計は、会計と税務の差異を調整する会計だから、税に関連する唯一の会計なんですよね？ つまり、我々税理士にとって、税効果会計を理解しておくことは重要ですね。

ブラック 税理士にとって重要な会計なら、ちゃんと説明しろよ！

2号 （こいつはどうして後輩なのにこんなに態度がでかいんだ？ どういう教育を受けてきたんだ？）わかりました。税効果会計は、こんな会計基準です。

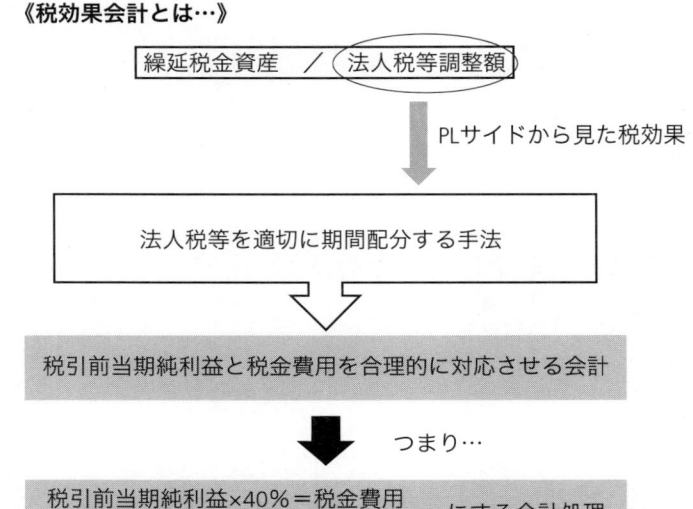

《税効果会計とは…》

繰延税金資産 ／ 法人税等調整額

↓ PLサイドから見た税効果

法人税等を適切に期間配分する手法

⇓

税引前当期純利益と税金費用を合理的に対応させる会計

↓ つまり…

税引前当期純利益×40％＝税金費用
税引前当期純利益×60％＝当期純利益　にする会計処理

《税効果会計の仕組み》

〈目的〉
　税効果会計とは、企業会計上の資産又は負債の額と課税所得計算上の資産又は負債の額に相違がある場合において、法人税等の額を適切に期間配分することにより、税引前当期純利益と法人税等を合理的に対応させることを目的とする会計処理である。

[税効果会計の仕組み]

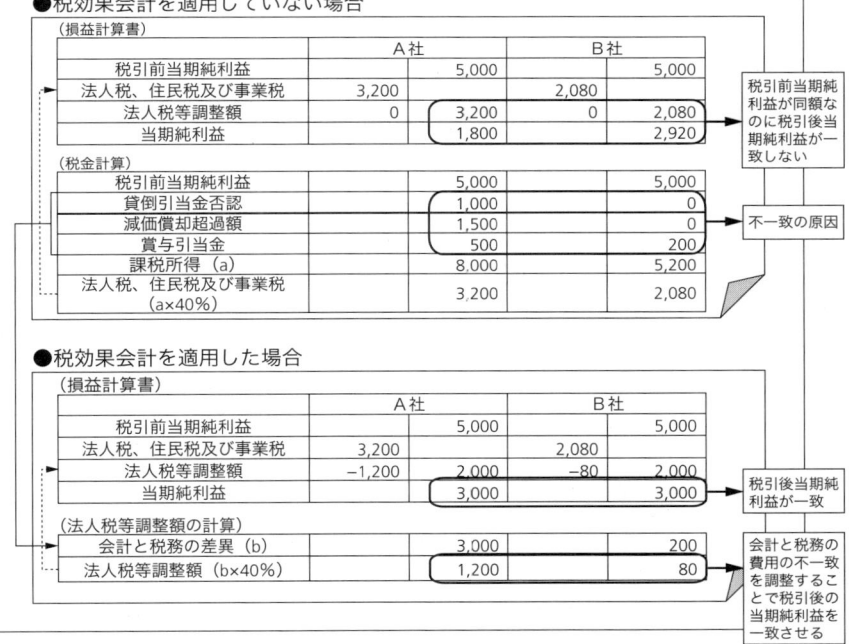

●税効果会計を適用していない場合

(損益計算書)

	A社		B社	
税引前当期純利益		5,000		5,000
法人税、住民税及び事業税	3,200		2,080	
法人税等調整額	0	3,200	0	2,080
当期純利益		1,800		2,920

→ 税引前当期純利益が同額なのに税引後当期純利益が一致しない

(税金計算)

	A社	B社
税引前当期純利益	5,000	5,000
貸倒引当金否認	1,000	0
減価償却超過額	1,500	0
賞与引当金	500	200
課税所得（a）	8,000	5,200
法人税、住民税及び事業税（a×40%）	3,200	2,080

→ 不一致の原因

●税効果会計を適用した場合

(損益計算書)

	A社		B社	
税引前当期純利益		5,000		5,000
法人税、住民税及び事業税	3,200		2,080	
法人税等調整額	−1,200	2,000	−80	2,000
当期純利益		3,000		3,000

→ 税引後当期純利益が一致

(法人税等調整額の計算)

	A社	B社
会計と税務の差異（b）	3,000	200
法人税等調整額（b×40%）	1,200	80

→ 会計と税務の費用の不一致を調整することで税引後の当期純利益を一致させる

《実効税率》

〈繰延税金資産及び繰延税金負債の計算に使われる税率〉

$$\text{法定実効税率} = \frac{\text{法人税率} \times (1+\text{住民税率}) + \text{事業税率} + \text{地方法人特別税率}}{1 + \text{事業税率}^{※} + \text{地方法人特別税率}^{※}}$$

※事業税・地方法人特別税の損金算入（現金主義）を加味

〈計算例〉

	ケース1	ケース2	ケース3
	外形標準課税のある場合 (東京都／最高税率)	外形標準課税のない場合 (東京都／最高税率)	外形標準課税のない場合 (東京都／標準税率)
	法人税率＝30.0 ％ 住民税率＝20.7 ％ 事業税率＝3.26 ％ 特別税率＝4.292％	法人税率＝30.0 ％ 住民税率＝20.7 ％ 事業税率＝5.78 ％ 特別税率＝4.293％	法人税率＝30.0 ％ 住民税率＝17.3 ％ 事業税率＝ 5.3 ％ 特別税率＝4.293％
	法定実効税率＝40.69％	法定実効税率＝42.05％	法定実効税率＝40.86％

《繰延税金資産及び繰延税金負債の計算方法と会計処理》

① 一時差異等の集計

　次のように、税効果の対象となる一時差異は別表五（一）から集計する。ただし、未払事業税等はBSの未払計上額、繰越欠損金は別表七、外国税額控除限度超過額及び控除余裕額は別表六（三）から集計する。

一時差異等	期首残高	期末残高
未払事業税等	3,000,000	8,285,700
賞与引当金否認	13,890,700	21,703,700
減価償却超過額	19,865,553	20,253,211
未払事業所税	0	473,400
一時差異計	36,756,253	50,716,011
実効税率	40%	40%
繰延税金資産	14,702,501	20,286,404

② 会計仕訳

　　法人税等調整額　14,702,501 ／繰 延 税 金 資 産　14,702,501
　　繰 延 税 金 資 産　20,286,404 ／法人税等調整額　20,286,404

ブラック　なるほど。つまり、会計と税務の差異を別表五（一）の留保金額から拾って、それに未払事業税と繰越欠損金を足して将来減算一時差異を計算する。そして、そこに実効税率を掛けて繰延税金資産を計算するん

だな。

なんだ〜、税効果会計って超簡単ですね。

3号 繰延税金資産の取崩し、ってよく聞きますけど、何なんですか？

2号 いい質問ですね。税効果が厄介なのは、この繰延税金資産の回収可能性を判断することなんです。

ブラック 繰延税金資産の回収可能性??

2号 つまり、もともと赤字の会社は、将来減算一時差異、例えば、賞与引当金が税務上認容されても税金が発生しないから、税効果＝税金が減少する効果がないと判断されて、繰延税金資産が計上できないということなんですね。

具体的には、過去の業績によって会社をランク付けして繰延税金資産の計上額を決定するんです。

ブラック ???

2号 では、説明しましょう。

《税効果会計を適用しても…》

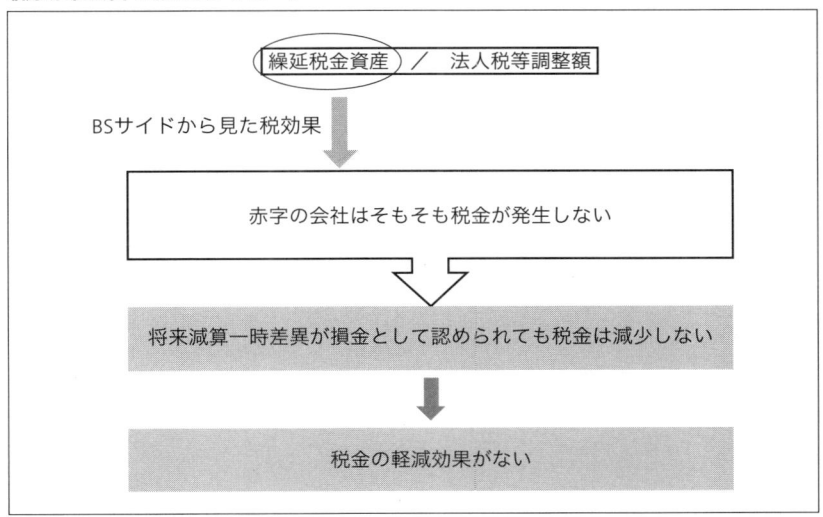

```
    (繰延税金資産) / 法人税等調整額
         │
  BSサイドから見た税効果
         ▼
┌─────────────────────────┐
│ 赤字の会社はそもそも税金が発生しない │
└─────────────────────────┘
         ▼
┌─────────────────────────────────┐
│ 将来減算一時差異が損金として認められても税金は減少しない │
└─────────────────────────────────┘
         ▼
┌─────────────────────────┐
│     税金の軽減効果がない      │
└─────────────────────────┘
```

《将来年度の課税所得の見積額による繰延税金資産の回収可能性を過去の業績等に基づいて行う場合の判断指針》

```
          繰延税金資産の回収可能性の判断基準
                        ↓
          将来の会社の収益力（課税所得）
                        ↓
    一方で、将来の収益力を客観的に判断することが実務上困難な場合が多い
                        ↓
            過去の業績等に基づく判断基準が必要
                        ↓
        回収可能性の実務はこの会社区分の検討から始まる
```

No.	会社区分	条件と根拠	回収可能性の判断指針
①	期末における将来減算一時差異を十分に上回る課税所得を毎期計上している会社等	期末における将来減算一時差異を十分に上回る課税所得を毎期（当期及びおおむね過去3年以上）計上している会社等	繰延税金資産の全額について、その回収可能性があると判断できる。なお、この場合には、スケジューリングが不能な将来減算一時差異についても、将来スケジューリングが可能となった時点で課税所得が発生する蓋然性が高いため、当該将来減算一時差異に係る繰延税金資産については回収可能性があると判断できるものとする。
②	業績は安定しているが、期末における将来減算一時差異を十分に上回るほどの課税所得がない会社等	過去の業績が安定している会社等の場合、すなわち、当期及び過去（おおむね3年以上）連続してある程度の経常的な利益を計上しているような会社	一時差異等のスケジューリングの結果に基づき、それに係る繰延税金資産を計上している場合には、当該繰延税金資産は回収可能性があると判断できるものとする。

③	業績が不安定であり、期末における将来減算一時差異を十分に上回るほどの課税所得がない会社等	過去の業績が不安定な会社等の場合、すなわち、過去の経常的な損益が大きく増減しているような会社	将来の合理的な見積可能期間（おおむね5年）内の課税所得の見積額を限度として、当該期間内の一時差異等のスケジューリングの結果に基づき、それに係る繰延税金資産を計上している場合には、当該繰延税金資産は回収可能性があると判断できるものとする。
④	重要な税務上の繰越欠損金が存在する会社等	期末において重要な税務上の繰越欠損金が存在する会社、過去（おおむね3年以内）に重要な税務上の欠損金の繰越期限切れとなった事実があった会社、又は当期末において重要な税務上の欠損金の繰越期限切れが見込まれる会社 また、過去の経常的な利益水準を大きく上回る将来減算一時差異が期末に存在する会社について、翌期末において重要な税務上の繰越欠損金の発生が見込まれる場合には、期末において重要な税務上の繰越欠損金が存在する会社と同様に取り扱うこととする	翌期に課税所得の発生が確実に見込まれる場合で、かつ、その範囲内で翌期の一時差異等のスケジューリングの結果に基づき、それに係る繰延税金資産を計上している場合には、当該繰延税金資産は回収可能性があると判断できるものとする。
④但し書	重要な税務上の繰越欠損金が存在する会社等であるが、非経常要因を除けば課税所得を毎期計上している会社	重要な税務上の繰越欠損金や過去の経常的な利益水準を大きく上回る将来減算一時差異が、例えば、事業のリストラクチャリングや法令等の改正などによる非経常的な特別の原因により発生したものであり、それを除けば課税所得を毎期計上している会社	将来の合理的な見積可能期間（おおむね5年）内の課税所得の見積額を限度として、当該期間内の一時差異等のスケジューリングの結果に基づき、それに係る繰延税金資金を計上している場合には、当該繰延税金資産は回収可能性があると判断できるものとする。

⑤	過去連続して重要な税務上の欠損金を計上している会社等	過去（おおむね３年以上）連続して重要な税務上の欠損金を計上している会社で、かつ、当期も重要な税務上の欠損金の計上が見込まれる会社 また、債務超過の状況にある会社や資本の欠損の状況が長期にわたっている会社で、かつ、短期間に当該状況の解消が見込まれない場合には、これと同様に取り扱うものとする	将来減算一時差異及び税務上の繰越欠損金等に係る繰延税金資産の回収可能性はないものと判断する。

オイラの関与先はランキング何位なんだ？

〈会社区分による回収可能性の簡便判定表〉

会社区分ごとの回収可能性の簡便判定表						
将来減算一時差異の種類		①	②	③・④但し書	④	⑤
①スケジューリング可能差異	１年内	◎	○	○	○	×
	５年以内	◎	○	○	×	×
	５年超	◎	○	×	×	×
②長期の将来減算一時差異	１年内	◎	○	○	○	×
	５年以内	◎	○	○	×	×
	５年超	◎	○	◎	×	×
③スケジューリング不能差異		◎	×	×	×	×

◎：スケジューリング不要で回収可能
○：スケジューリングの範囲内で回収可能
×：スケジューリング不要で回収不能

（注）③及び④但し書における５年内の回収可能額は、５年以内の合理的な期間を言う。

①スケジューリング可能差異：税務上認容される時期と解消額がわかる将来減算一時差異（例：賞与引当金、未払事業税、建物の減価償却超過額など）
②長期の将来減算一時差異：税務上認容される時期が長期にわたる将来減算一時差異（退職給付引当金など）
③スケジューリング不能差異：税務上認容される時期が不明な将来減算一時差異（貸倒引当金、土地評価損など）

> 会社区分が悪くなると（数が多くなると）、回収不能額（×）が増えるんだにゃ。。。

《スケジューリングとは》

スケジューリングとは、将来の事業年度ごとに課税所得と将来減算一時差異の解消額（認容額）を比較して、課税所得と相殺できる将来減算一時差異を回収可能額とする計算方法を言う。

会社区分が③、④、④但し書の場合は必須となる。

〈スケジューリング例〉

1. 回収可能額計算シート

会社区分　③

会社名：　　　　
事業年度：　　　　

【手順】
将来減算一時差異等をスケジューリング可能、長期将来減算一時差異、スケジューリング不能の3つに分類し、会社区分ごとに回収可能額を計算する。

項目		差異種類	当期末残高	翌期以降の回収可能性						スケジューリング不能差異
				スケジューリング可能差異					5年超長期	
				1年目	2年目	3年目	4年目	5年目		
個別所得見積額										
	税引前当期純利益	a		1,000	1,000	1,000	1,000	1,000		
	タックスプランニング	b		0	0	0	0	0		
	永久差異	c		0	0	0	0	0		
	個別所得見積額 合計	d=a+b+c		1,000	1,000	1,000	1,000	1,000		
将来減算一時差異等の解消見込額減算後の個別所得見積額										
短期	未払事業税	可能	100	100						
短期	賞与引当金	可能	200	200						
短期	未払費用	可能	300	300						
長期	退職給付引当金	長期	700						700	
不能	土地評価損	不能	300							300
	将来減算一時差異等合計	e	1,600	600	0	0	0	0	700	300
課税所得（繰越欠損金控除前）		f=d-e		400	1,000	1,000	1,000	1,000		
	繰越欠損金控除額	g		0	0	0	0	0		
将来減算一時差異等の解消見込額減算後の個別所得見積額		h=f-g		400	1,000	1,000	1,000	1,000		
	回収可能見込額/解消年度	f≧0の場合:e f<0の場合:d	1,300	600	0	0	0	0	700	
	回収可能見込額/解消年度以降	解消年度以降でh>0の場合:e-i (hを限度とする)	0	0	0	0	0	0		
	回収不能見込額	j=e-i	300							300
繰越欠損金		k	0							
内訳	平成　年　月期		0							
	平成　年　月期		0							
	平成　年　月期		0							
	回収可能見込額	l=g	0							
	回収不能見込額	m	0							
回収可能見込額（個別）		n=i+l	1,300	600	0	0	0	0	700	0
回収不能見込額（個別）		o=j+m	300	0	0	0	0	0	0	300
繰延税金資産										
資産計上	実効税率		40.69%	40.69%	40.69%	40.69%	40.69%	40.69%	40.69%	
	繰延税金資産		529	244	0	0	0	0	285	
資産未計上	実効税率		40.69%	40.69%	40.69%	40.69%	40.69%	40.69%	40.69%	
	評価性引当額		122	0	0	0	0	0	0	

※繰延税金資産の計上額

※会社区分③の場合でも、長期将来減算一時差異は回収可能となる。

※会社区分①以外はスケジューリング不能差異は、回収不能。

《将来年度の課税所得を合理的に見積もるポイント》

```
         将来年度の課税所得の合理的な見積り
                      ↓
            スケジューリングの適正性確保
```

〈ポイント1〉
　将来の業績予測は、事業計画や経営計画又は予算編成の一部等その呼称は問わないが、原則として、取締役会や常務会等の承認を得たものであること

〈ポイント2〉
　取締役会等の承認を得たものであっても、会社の現状の収益力等を勘案し、明らかに合理性を欠く業績予測であると認められる場合には、適宜その修正を行ったうえで課税所得を見積もる必要があること

〈ポイント3〉
　将来の課税所得の合理的な見積可能期間（おおむね5年）は、個々の会社の業績予測期間、業績予測能力、会社の置かれている経営環境等を勘案した結果、5年以内のより短い期間となる場合がある

> 取締役会みたいな偉い人たちが集まる会で、正式に決まったものだけが、回収可能額の根拠として使えるんだな。

18 企業会計基準とは（その13）
〜過年度遡及修正基準〜

2号　次に、過年度遡及修正の会計処理に関する会計基準があります。

　この会計基準は、平成23年4月1日以後開始する事業年度の期首以後に行われる会計上の変更及び過去の誤謬の訂正から適用されています。

《過年度遡及修正関係》

タイトル	発行者
会計上の変更及び誤謬の訂正に関する会計基準	企業会計基準第 24 号 企業会計基準委員会
会計上の変更及び誤謬の訂正に関する会計基準の適用指針	企業会計基準適用指針第 24 号 企業会計基準委員会

ブラック 過年度遡及修正 ???

2号 企業会計基準が変わったり、会計方針を変えたり、過去の会計処理の間違いが見つかったときに、その処理の違いによる過去の損益と剰余金の差額を当期の財務諸表（具体的には、前期損益修正損益等）にまとめて計上するのはやめて、過去の財務諸表を直接変えましょう、という会計基準です。

ちょっち、説明してみましょう。

《会計上の変更及び誤謬の訂正に関する会計基準》

〈目的〉
　会計基準の改正、会計方針の変更、過去に会計処理の誤りがあった場合に、過去の財務諸表を遡及して修正するための開示を含めた会計上の取扱いを定めている。

遡及修正の対象		会計上の取扱い
会計上の変更	会計方針の変更	遡及修正する（遡及適用）
	表示方法の変更	遡及修正する（財務諸表の組替え）
	会計上の見積りの変更	遡及修正しない
過去の誤謬の訂正		遡及修正する（修正再表示）

《会計方針の変更の取扱い》

〈会計方針の変更の分類〉

	分類	原則的取扱い
会計基準等の改正に伴う会計方針の変更	① 会計基準等の改正によって特定の会計処理の原則及び手続が強制される場合 ② 会計基準等の改正によって従来認められていた会計処理の原則及び手続を任意に選択する余地がなくなる場合 ③ 既存の会計基準等が改正又は廃止される場合 ④ 新たな会計基準等が設定される場合 ⑤ 会計基準等の早期適用をする場合	① 新たな会計方針を過去の期間のすべてに遡及適用する。 ② 会計基準等に特定の経過的な取扱いが定められている場合には、その経過的な取扱いに従う。
正当な理由による会計方針の変更	正当な理由に基づき自発的に会計方針の変更を行うことを言う。	新たな会計方針を過去の期間のすべてに遡及適用する。

〈原則的取扱い〉

各期間の財務諸表	遡及適用の反映方法
表示期間（※）より前の期間の財務諸表	遡及適用による累積的影響額を、表示する財務諸表のうち、最も古い期間の期首の資産、負債及び純資産の額に反映する。
表示する過去の各期間の財務諸表	当該各期間の影響額を反映する。

※ 当期の財務諸表及びこれにあわせて過去の財務諸表が表示されている場合のその表示期間をいう。

① 有価証券報告書のケース

有価証券報告書の表示期間

| 表示期間より過去の期間 | 前期 | 当期 |

（変更前） 会計方針A　　　　会計方針A

（変更後） 会計方針B　→　会計方針B　会計方針B

期首までの累積的影響額を前期の期首残高に反映する。

② 会社法計算書類のケース

```
                                    計算書類の表示期間
          ─── 表示期間より過去の期間 ─── | 当期 | ──→

(変更前)         会計方針A
                   ↓
(変更後)         会計方針B    ───→    会計方針B
```

期首までの累積的影響額を当期の期首残高に反映する。

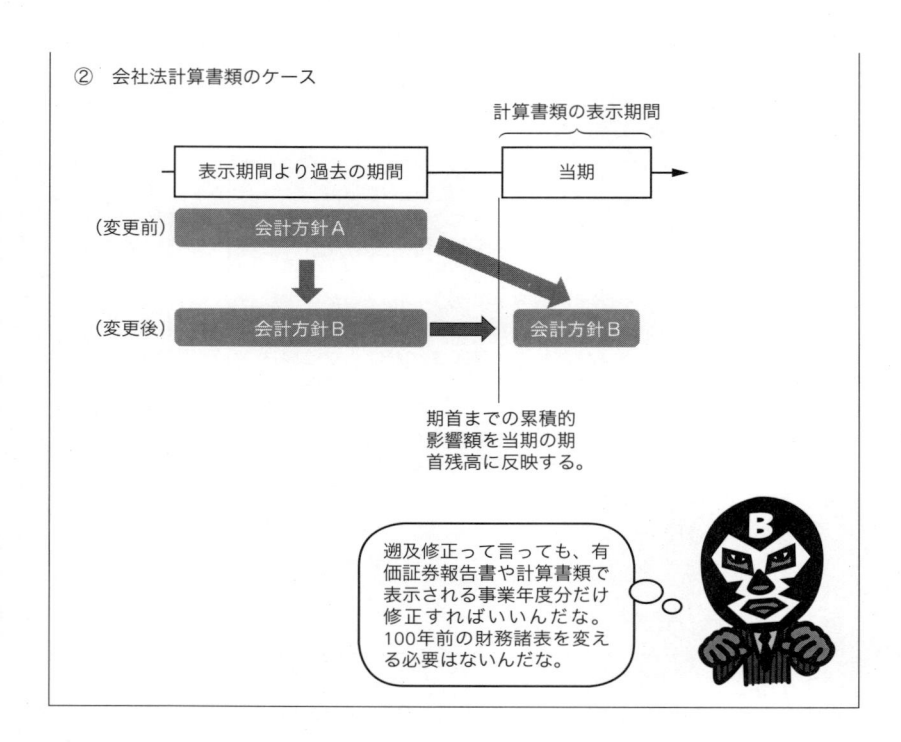

> 遡及修正って言っても、有価証券報告書や計算書類で表示される事業年度分だけ修正すればいいんだな。100年前の財務諸表を変える必要はないんだな。

《表示方法の変更の取扱い》

〈原則的取扱い〉

表示方法の変更が認められる場合	原則的取扱い
① 表示方法を定めた会計基準又は法令等の改正により表示方法の変更を行う場合	原則として表示する過去の財務諸表について、新たな表示方法に従い財務諸表の組替えを行う。
② 会計事象等を財務諸表により適切に反映するために表示方法の変更を行う場合	

《会計上の見積りの変更の取扱い》

〈原則的取扱い〉
　会計上の見積りの変更は、当該変更が変更期間のみに影響する場合には、当該変更期間に会計処理を行い、当該変更が将来の期間にも影響する場合には、将来にわたり会計処理を行う。
⇒遡及修正の対象外

（当期のみに影響するものと将来にも影響するものの取扱い）

> 　会計上の見積りの変更のうち当期に影響を与えるものには、当期だけに影響を与えるものもあれば、当期と将来の期間の両方に影響を与えるものもある。
> 　例えば、回収不能債権に対する貸倒見積額の見積りの変更は当期の損益や資産の額に影響を与え、当該影響は当期においてのみ認識される。
> 　一方、有形固定資産の耐用年数の見積りの変更は、当期及びその資産の残存耐用年数にわたる将来の各期間の減価償却費に影響を与える。
> 　このように、当期に対する変更の影響は当期の損益で認識し、将来に対する影響があれば、その影響は将来の期間の損益で認識することとなる。

〈引当額の過不足額の処理〉
① 　引当額の過不足が計上時の見積り誤りに起因する場合には、過去の誤謬に該当するため、修正再表示を行うこととなる。
② 　一方、過去の財務諸表作成時において入手可能な情報に基づき最善の見積りを行った場合には、当期中における状況の変化により会計上の見積りの変更を行ったときの差額、又は実績が確定したときの見積金額との差額は、その変更のあった期、又は実績が確定した期に、その性質により、営業損益又は営業外損益として認識することとなる。

〈会計方針の変更を会計上の見積りの変更と区別することが困難な場合の取扱い〉
① 　会計方針の変更を会計上の見積りの変更と区別することが困難な場合については、会計上の見積りの変更と同様に取り扱い、遡及適用は行わない。
② 　有形固定資産等の減価償却方法及び無形固定資産の償却方法は、会計方針に該当するが、その変更については、会計方針の変更を会計上の見積りの変更と区別することが困難な場合として、会計上の見積りの変更と同様に取り扱い、遡及適用は行わない。

《過去の誤謬の取扱い》

〈原則的取扱い〉
　過去の財務諸表における誤謬が発見された場合には、次の方法により修正再表示する。
① 表示期間より前の期間に関する修正再表示による累積的影響額は、表示する財務諸表のうち、最も古い期間の期首の資産、負債及び純資産の額に反映する。
② 表示する過去の各期間の財務諸表には、当該各期間の影響額を反映する。

〈前期損益修正損益は？〉
　過去の誤謬を前期損益修正項目として当期の特別損益で修正する従来の取扱いは、過去の財務諸表を修正再表示する方法に変更されることになる。
　ただし、重要性の判断に基づき、過去の財務諸表を修正再表示しない場合は、損益計算書上、その性質により、営業損益又は営業外損益として認識する処理が行われることになると考えられる。

3号 なるほど。でも、過去の財務諸表を変更したら税務申告も変更する必要があるのでしょうか？

2号 いい質問です。この点については、あとで確認してみましょう。

19 企業会計基準とは（その14）～包括利益計算書～

2号 次に、包括利益に関する会計基準があります。この会計基準は、現在、連結財務諸表について適用されていますが、個別財務諸表への適用についても、本会計基準の公表から1年後（平成23年6月30日）を目途に判断されることになっています。

《包括利益計算書関係》

タイトル	発行者
包括利益の表示に関する会計基準	企業会計基準第25号　企業会計基準委員会

😈ブラック　包括利益？　包括利益計算書???

😷2号　
簡単に言うと、純資産の部にPLを通さない有価証券評価差額や繰延ヘッジ損益なんていうのがあると思いますが、この増減表を損益計算書と一緒、又は別途、当期の利益の一部としましょう、という会計基準です。

以下、連結財務諸表の包括利益計算書に基づいて解説してみます。

《包括利益の表示に関する会計基準》

〈目的〉
① 損益計算書において、包括利益及びその他の包括利益を表示することになった。
② また、貸借対照表及び株主資本等変動計算書において、その他の包括利益が表示されることになった。

〈包括利益とは〉
　ある企業の特定期間の財務諸表において認識された純資産の変動額のうち、当該企業の純資産に対する持分所有者との直接的な取引によらない部分をいう。

↓

資本取引以外の純資産の変動額をいう。
具体的には、次のような純資産の変動額をいう。
① 少数株主損益調整前当期純利益
② その他有価証券評価差額金
③ 繰延ヘッジ損益
④ 為替換算調整勘定
⑤ 土地再評価差額金
⑥ 持分法適用会社のその他包括利益に対する投資会社の持分相当額

②〜⑥　その他の包括利益という。

〈その他の包括利益とは〉
　「その他の包括利益」とは、包括利益のうち当期純利益及び少数株主損益に含まれない部分をいう。
　つまり、上記①から⑥のうち、①を除いたものとなる。

連結財務諸表におけるその他の包括利益には、親会社株主に係る部分と少数株主に係る部分が含まれる。

$$包括利益 = \frac{少数株主損益調整前当期純利益}{(当期純利益 + 少数株主損益)} + その他の包括利益$$

〈包括利益の計算の表示〉
包括利益の計算の表示は、次による。
① 個別財務諸表では…
　当期純利益にその他の包括利益の内訳項目を加減して包括利益を表示する。
② 連結財務諸表では…
　少数株主損益調整前当期純利益にその他の包括利益の内訳項目を加減して包括利益を表示する。

〈その他の包括利益の内訳の開示〉
① その他の包括利益の内訳項目は、その内容に基づいて、その他有価証券評価差額金、繰延ヘッジ損益、為替換算調整勘定等に区分して表示する。
② 持分法を適用する被投資会社のその他の包括利益に対する投資会社の持分相当額は、一括して区分表示する。
③ その他の包括利益の内訳項目は、次のいずれかの方法で表示する。
　[方法1] 税効果を控除した後の金額で表示する方法
　[方法2] 各内訳項目を税効果を控除する前の金額で表示して、それらに関連する税効果の金額を一括して加減する方法

〈包括利益を表示する計算書〉
包括利益を表示する計算書は、次のいずれかの形式による。
なお、連結財務諸表においては、包括利益のうち親会社株主に係る金額及び少数株主に係る金額を付記する。
① 2計算書方式
　⇒当期純利益を表示する損益計算書と、包括利益を表示する包括利益計算書からなる形式
② 1計算書方式
　⇒当期純利益の表示と包括利益の表示を1つの計算書（連結損益及び包括利益計算書）で行う形式

① 2計算書方式

<連結損益計算書>
売上高	12,000
………………	
税金等調整前当期純利益	3,000
法人税等	1,000
少数株主損益調整前当期純利益	2,000
少数株主利益	500
当期純利益	1,500

<連結包括利益計算書>
少数株主損益調整前当期純利益	2,000
その他の包括利益：	
その他有価証券評価差額金	420
繰延ヘッジ損益	330
為替換算調整勘定	△150
持分法適用会社に対する持分相当額	100
その他の包括利益合計	700
包括利益	2,700

(内訳)
親会社株主に係る包括利益	2,200
少数株主に係る包括利益	500

② 1計算書方式

<連結損益及び包括利益計算書>
売上高	12,000
………………	
税金等調整前当期純利益	3,000
法人税等	1,000
少数株主損益調整前当期純利益	2,000
少数株主利益（控除）	500
当期純利益	1,500
少数株主利益（加算）	500
少数株主損益調整前当期純利益	2,000
その他の包括利益：	
その他有価証券評価差額金	420

繰延ヘッジ損益		330
為替換算調整勘定		△150
持分法適用会社に対する持分相当額		100
その他の包括利益合計		700
包括利益		2,700

(内訳)
親会社株主に係る包括利益　　　　2,200
少数株主に係る包括利益　　　　　　500

> 個別財務諸表にも、近いうちに適用されるのかな?

〈財務諸表間のつながり〉

包括利益計算書は、株主資本等変動計算書の当期増減表と一致する。

連結損益及び包括利益計算書

税金等調整前当期純利益	20,000
法人税等	8,000
少数株主損益調整前当期純利益	12,000
少数株主利益(控除)	4,500
当期純利益	7,500
少数株主利益(加算)	4,500　親会社持分　少数株主持分
少数株主損益調整前当期純利益	12,000　　7,500　　4,500
その他の包括利益	
その他有価証券評価差額金	3,500　　2,200　　1,300
繰延ヘッジ損益	2,000　　1,200　　800
包括利益	17,500　10,900　6,600

(内訳)
親会社株主に係る包括利益	10,900
少数株主に係る包括利益	6,600
	17,500

連結株主資本等変動計算書

	株主資本		その他の包括利益累計額		少数株主持分	純資産合計
	資本金	利益剰余金	その他有価証券評価差額金	繰延ヘッジ損益		
当期首残高	100,000	20,000	3,000	1,600	8,000	132,600
剰余金の配当		▲1,000				▲1,000
当期純利益		7,500				7,500
株主資本以外の項目の当期変動額(純額)			2,200	1,200	6,600	10,000
当期末残高	100,000	26,000	5,200	2,800	14,600	149,100

連結貸借対照表
(純資産の部)
Ⅰ 株主資本	
資本金	100,000
利益剰余金	26,500
Ⅱ その他の包括利益累計額	
その他有価証券評価差額金	5,200
繰延ヘッジ損益	2,800
Ⅲ 少数株主持分	14,600
純資産合計	149,100

20 企業会計基準とは（その15）～個別論点、注記、連結財務諸表、四半期財務諸表～

2号 これまで紹介した会計基準は、一般的に多くの会社で共通する会計処理に関する基準となります。

　そして、そのほかにも、次のように特殊な論点に関する会計処理を定める会計基準や注記に関する会計基準、そして、連結財務諸表又は四半期決算に関する会計基準があります。

ブラック 注記??

2号 財務諸表の本表ではわからない追加の情報を、文書や数字で解説するための注意書きです。

ブラック 連結財務諸表??　四半期財務諸表??

2号 それは先ほど説明しました。お手数ですがご参照ください。

《賃貸等不動産関係》

タイトル	発行者
賃貸等不動産の時価等の開示に関する会計基準	企業会計基準第20号　企業会計基準委員会
賃貸等不動産の時価等の開示に関する会計基準の適用指針	企業会計基準適用指針第23号　企業会計基準委員会

《税金関係》

タイトル	発行者
諸税金に関する会計処理及び表示に係る監査上の取扱い	監査・保証実務委員会報告第63号　日本公認会計士協会
租税特別措置法上の準備金及び特別法上の引当金又は準備金並びに役員退職慰労引当金等に関する監査上の取扱い	監査・保証実務委員会報告第42号　日本公認会計士協会
消費税の会計処理について（中間報告）	消費税の会計処理に関するプロジェクトチーム
法人事業税における外形標準課税部分の損益計算書上の表示についての実務上の取扱い	実務対応報告第12号　企業会計基準委員会

《組織再編関係》

タイトル	発行者
企業結合に関する会計基準	企業会計基準第21号 企業会計基準委員会
事業分離等に関する会計基準	企業会計基準第7号 企業会計基準委員会
企業結合会計基準及び事業分離等会計基準に関する適用指針	企業会計基準適用指針第10号 企業会計基準委員会

《純資産・自己株式関係》

タイトル	発行者
貸借対照表の純資産の部の表示に関する会計基準	企業会計基準第5号 企業会計基準委員会
貸借対照表の純資産の部の表示に関する会計基準等の適用指針	企業会計基準適用指針第8号 企業会計基準委員会
株主資本等変動計算書に関する会計基準	企業会計基準第6号 企業会計基準委員会
株主資本等変動計算書に関する会計基準の適用指針	企業会計基準適用指針第9号 企業会計基準委員会
自己株式及び準備金の額の減少等に関する会計基準	企業会計基準第1号 企業会計基準委員会
自己株式及び準備金の額の減少等に関する会計基準の適用指針	企業会計基準適用指針第2号 企業会計基準委員会
その他資本剰余金の処分による配当を受けた株主の会計処理	企業会計基準適用指針第3号 企業会計基準委員会
旧商法による新株予約権及び新株予約権付社債の会計処理に関する実務上の取扱い	実務対応報告第1号 企業会計基準委員会
デット・エクイティ・スワップの実行時における債権者側の会計処理に関する実務上の取扱い	実務対応報告第6号 企業会計基準委員会
種類株式の貸借対照表価額に関する実務上の取扱い	実務対応報告第10号 企業会計基準委員会
外貨建転換社債型新株予約権付社債の発行者側の会計処理に関する実務上の取扱い	実務対応報告第11号 企業会計基準委員会

《その他関係》

タイトル	発行者
棚卸資産の評価に関する会計基準	企業会計基準第9号 企業会計基準委員会
役員賞与に関する会計基準	企業会計基準第4号 企業会計基準委員会
繰延資産の会計処理に関する当面の取扱い	実務対応報告第19号 企業会計基準委員会
販売用不動産等の評価に関する監査上の取扱い	監査・保証実務委員会報告第69号 日本公認会計士協会
排出量取引の会計処理に関する当面の取扱い	実務対応報告第15号 企業会計基準委員会
電子記録債権に係る会計処理及び表示についての実務上の取扱い	実務対応報告第27号 企業会計基準委員会
有限責任事業組合及び合同会社に対する出資者の会計処理に関する実務上の取扱い	実務対応報告第21号 企業会計基準委員会
コマーシャル・ペーパーの無券面化に伴う発行者の会計処理及び表示についての実務上の取扱い	実務対応報告第8号 企業会計基準委員会

《一株当たり情報関係》

タイトル	発行者
一株当たり当期純利益に関する会計基準	企業会計基準第2号 企業会計基準委員会
一株当たり当期純利益に関する会計基準の適用指針	企業会計基準適用指針第4号 企業会計基準委員会
一株当たり当期純利益に関する実務上の取扱い	実務対応報告第9号 企業会計基準委員会

《関連当事者・関係会社関係》

タイトル	発行者
関連当事者の開示に関する会計基準	企業会計基準第11号 企業会計基準委員会
関連当事者の開示に関する会計基準の適用指針	企業会計基準適用指針第13号 企業会計基準委員会
関係会社間の取引に係る土地・設備等の売却益の計上について監査上の取扱い	監査委員会報告第27号 日本公認会計士協会

| 子会社株式等に対する投資損失引当金に係る監査上の取扱い | 監査委員会報告第71号 日本公認会計士協会 |

《連結財務諸表関係》

タイトル	発行者
連結財務諸表に関する会計基準	企業会計基準第22号 企業会計基準委員会
持分法に関する会計基準	企業会計基準第16号 企業会計基準委員会
持分法会計に関する実務指針	会計制度委員会報告第9号 日本公認会計士協会
連結キャッシュ・フロー計算書等の作成基準	企業会計審議会
連結財務諸表等におけるキャッシュ・フロー計算書の作成に関する実務指針	会計制度委員会報告第8号 日本公認会計士協会
セグメント情報等の開示に関する会計基準	企業会計基準第17号 企業会計基準委員会
セグメント情報等の開示に関する会計基準の適用指針	企業会計基準適用指針第20号 企業会計基準委員会
連結財務諸表における子会社及び関連会社の範囲の決定に関する適用指針	企業会計基準適用指針第22号 企業会計基準委員会
連結の範囲及び持分法の適用範囲に関する重要性の原則の適用等に係る監査上の取扱い	監査・保証実務委員会報告第52号 日本公認会計士協会
連結財務諸表における子会社及び関連会社の範囲の決定に関する監査上の留意点についてのQ&A	監査・保証実務委員会 日本公認会計士協会
投資事業組合に対する支配力基準及び影響力基準の適用に関する実務上の取扱い	実務対応報告第20号 企業会計基準委員会
親子会社間の会計処理の統一に関する当面の監査上の取扱い	監査・保証実務委員会第56号 日本公認会計士協会
「親子会社間の会計処理の統一に関する当面の監査上の取扱い」に関するQ&A	監査・保証実務委員会 日本公認会計士協会
連結財務諸表における資本連結手続に関する実務指針	会計制度委員会報告第7号 日本公認会計士協会
株式の間接所有に係る資本連結手続に関する実務指針	会計制度委員会報告第7号（追補） 日本公認会計士協会

一定の特別目的会社に係る開示に関する適用指針	企業会計基準適用指針第15号 企業会計基準委員会
連結財務諸表作成における在外子会社の会計処理に関する当面の取扱い	実務対応報告第18号 企業会計基準委員会
持分法適用関連会社の会計処理に関する当面の取扱い	実務対応報告第24号 企業会計基準委員会
連結財務諸表におけるリース取引の会計処理に関する実務指針	会計制度委員会報告第5号 日本公認会計士協会
連結財務諸表における税効果会計に関する実務指針	会計制度委員会報告第6号 日本公認会計士協会

《四半期財務諸表関係》

タイトル	発行者
四半期財務諸表に関する会計基準	企業会計基準第12号 企業会計基準委員会
四半期財務諸表に関する会計基準の適用指針	企業会計基準適用指針第14号 企業会計基準委員会

21 中小企業会計指針はどのような会計処理が定められているの？

2号 次に、企業会計基準が適用されない中小企業が適用している中小企業会計指針では、次のように勘定科目ごとに会計処理が定められています。

勘定科目	会計処理
金銭債権	・金銭債権には、その取得価額を付す。 ・金銭債権の取得価額が債権金額と異なる場合は、取得価額と債権金額との差額の性格が金利の調整と認められるときは、償却原価法に基づいて算定された価額とする。
デリバティブ	・デリバティブ取引により生じる正味の債権及び債務は、時価をもって貸借対照表価額とし、評価差額は、当期の損益として処理する。 ・ただし、ヘッジ目的でデリバティブ取引を行った場合、ヘッジ対象資産に譲渡等の事実がなく、かつ、そのデリバティブ取引がヘッジ対象資産に係る損失発生のヘッジに有効である限り、損益の繰延べが認められる。

貸倒損失・貸倒引当金	・法的に債権が消滅した場合のほか、回収不能な債権がある場合は、その金額を貸倒損失として計上し、債権金額から控除しなければならない。 ・貸倒引当金は、以下のように扱う。 ① 金銭債権について、取立不能のおそれがある場合には、取立不能見込額を貸倒引当金として計上しなければならない。 ② 取立不能見込額については、債権の区分に応じて算定する。財政状態に重大な問題が生じている債務者に対する金銭債権については、個別の債権ごとに評価する。 ③ 財政状態に重大な問題が生じていない債務者に対する金銭債権に対する取立不能見込額は、それらの債権を一括して又は債権の種類ごとに、過去の貸倒実績率等合理的な基準により算定する。 ④ 法人税法における貸倒引当金の繰入限度額相当額が取立不能見込額を明らかに下回っている場合を除き、その繰入限度額相当額を貸倒引当金に計上することができる。
有価証券	・有価証券（株式、債券、投資信託等）は、保有目的の観点から、以下の4つに分類し、原則として、それぞれの分類に応じた評価を行う。 ① 売買目的有価証券 ② 満期保有目的の債券 ③ 子会社株式及び関連会社株式 ④ その他有価証券 ・有価証券は、「売買目的有価証券」に該当する場合を除き、取得原価をもって貸借対照表価額とすることができる。 　ただし、「その他有価証券」に該当する市場価格のある株式を多額に保有している場合には、当該有価証券を時価をもって貸借対照表価額とし、評価差額（税効果考慮後の額）は純資産の部に計上する。 ・有価証券の減損は次のように取り扱われる。 (1) 市場価格のある有価証券の減損処理 　満期保有目的の債券、子会社株式及び関連会社株式ならびにその他有価証券のうち市場価格のあるものについて、時価が著しく下落したときは、回復する見込みがあると認められる場合を除き、時価をもって貸借対照表価額とし、評価差額は当期の損失として処理しなければならない。市場価格のある有価証券の時価が「著しく下落した」ときとは、少なくとも個々の銘柄の有価証券の時価が、取得原価に比べて50％程度以上下落した場合をいう。この場合には、合理的な反証がない限り、時価が取得原価まで回復する見込みがあるとは認められないため、減損処理を行わなければならない。 (2) 市場価格のない有価証券の減損処理 　市場価格のない株式について、発行会社の財政状態の悪化により実質価額が著しく低下したときは、相当の減額を行い、評価差額は当期の損失として処理しなければならない。

	・　市場価格のない株式の実質価額が「著しく低下したとき」とは、少なくとも株式の実質価額が取得原価に比べて50％程度以上低下した場合を言う。ただし、市場価格のない株式の実質価額について、回復可能性が十分な証拠によって裏付けられる場合には、期末において相当の減額をしないことも認められる。 ・　なお、有価証券の減損処理を行った場合には、当該時価（(1)の場合）又は実質価額（(2)の場合）を翌期首の取得原価とする。 ・　有価証券の減損処理について、法人税法に定める処理に拠った場合と比べて重要な差異がないと見込まれるときは、法人税法の取扱いに従うことが認められる。
棚卸資産	・　棚卸資産の取得価額は、購入代価または製造原価に引取費用等の付随費用を加算する。ただし、少額な付随費用は取得価額に加算しないことができる。 ・　棚卸資産の期末における時価が帳簿価額より下落し、かつ、金額的重要性がある場合には、時価をもって貸借対照表価額とする。 ・　棚卸資産の評価方法は、個別法、先入先出法、総平均法、移動平均法、売価還元法等、一般に認められる方法とする。なお、最終仕入原価法も、期間損益の計算上著しい弊害がない場合には、用いることができる。
経過勘定等	・　前払費用及び前受収益は、当期の損益計算に含めず、未払費用及び未収収益は当期の損益計算に含めなければならない。 ・　前払費用、前受収益、未払費用及び未収収益等については、重要性の乏しいものは、経過勘定項目として処理しないことができる。
固定資産	・　固定資産の減価償却は、経営状況により任意に行うことなく、定率法、定額法その他の方法に従い、毎期継続して規則的な償却を行う。ただし、法人税法の規定による償却限度額をもって償却額とすることができる。 ・　圧縮記帳は、その他利益剰余金の区分における積立て及び取崩しにより行う。ただし、国庫補助金、工事負担金等で取得した資産並びに交換、収用等及び特定の資産の買換えで交換に準ずると認められるものにより取得した資産については、直接減額方式によることができる。 ・　予測できなかった著しい資産価値の下落があった際には、減損額を控除しなければならない。なお、当該減損額は、減損損失として損益計算書の特別損失に計上する。
ソフトウェア	・　研究開発に該当するソフトウェアの制作費は研究開発費として費用処理する。 ・　研究開発に該当しないソフトウェアの制作費は、次のように会計処理する。 　①　社内利用のソフトウェアは、その利用により将来の収益獲得又は費用削減が確実であると認められる場合には、取得に要した費用を無形固定資産として計上する。 　②　市場販売目的のソフトウェアである製品マスターの制作費は、研究開発費に該当する部分を除き、無形固定資産として計上する。

	・無形固定資産として計上したソフトウェアは、見込販売数量に基づく償却方法その他合理的な方法により償却する。ただし、法人税法の定める償却方法を採用することもできる。 なお、販売・使用見込みがなくなった場合には、未償却残高を費用として一時に償却する必要がある。
ゴルフ会員権	・ゴルフ会員権は、取得原価で評価する。ただし、ゴルフ会員権の計上額の重要性が高い場合で、以下の要件に該当するときは、減損処理を行う。 ① 時価があるゴルフ会員権…時価が著しく下落したとき ② 時価のないゴルフ会員権…発行会社の財政状態が著しく悪化したとき ・預託保証金方式によるゴルフ会員権の時価が著しく下落したことにより減損処理する場合には、帳簿価額のうち預託保証金を上回る金額について、まず直接評価損を計上し、さらに時価が預託保証金の額を下回る場合には、当該部分を債権の評価勘定として貸倒引当金を設定する。ただし、預託保証金の回収が困難な場合には、貸倒引当金を設定せずにゴルフ会員権から直接控除することができる。
繰延資産	・創立費、開業費、開発費、株式交付費、社債発行費、新株予約権発行費は、原則として費用処理する。なお、これらの項目については繰延資産として資産に計上することができる。 ・費用として処理しなかった税法固有の繰延資産は、長期前払費用等として計上する。
金銭債務	・金銭債務には、債務額を付す。
引当金	・将来の特定の費用又は損失であって、その発生が当期以前の事象に起因し、発生の可能性が高く、かつ、その金額を合理的に見積ることができる場合には、当期の負担に属する金額を当期の費用又は損失とし、引当金に繰り入れなければならない。 ・次の引当金が想定されている。 貸倒引当金、返品調整引当金、賞与引当金、退職給付引当金、製品保証引当金、売上割戻引当金、工事補償引当金、修繕引当金、特別修繕引当金、債務保証損失引当金、損害補償損失引当金、役員賞与引当金、工事損失引当金等
退職給付債務・退職給付引当金	・確定給付型退職給付制度（退職一時金制度、厚生年金基金、適格退職年金及び確定給付企業年金）を採用している場合は、原則として簡便的方法である退職給付に係る期末自己都合要支給額を退職給付債務とする方法を適用できる。 ・中小企業退職金共済制度、特定退職金共済制度及び確定拠出型年金制度を採用している場合は、毎期の掛金を費用処理する。
税金費用・税金債務	・法人税、住民税及び事業税に関しては、現金基準ではなく、発生基準により、当期に負担すべき金額に相当する額を損益計算書に計上する。 ・法人税、住民税及び事業税の未納付額は、相当額を流動負債に計上する。

税効果会計	・税効果会計の適用に当たり、一時差異（会計上の簿価と税務上の簿価との差額）の金額に重要性がない場合には、繰延税金資産又は繰延税金負債を計上しないことができる。 ・繰延税金資産については、回収可能性があると判断できる金額を計上する。回収可能性の判断は、収益力に基づく課税所得の十分性に基づいて、厳格かつ慎重に行わなければならない。 ・繰延税金資産の回収可能性については、会社の過去の業績等を主たる判断基準として、将来の収益力を見積もり、将来減算一時差異等がどの程度回収されるのかを、以下のそれぞれの例示区分に応じて判定することになる。 　① 期末における将来減算一時差異を十分に上回る課税所得を当期及び過去3年以上計上している場合は、回収可能性があると判断する。 　② 過去の業績が安定（当期及び過去3年経常的な利益を計上）していることから、将来も安定的な経常利益の計上が見込まれるが、期末における将来減算一時差異を十分に上回るほどの課税所得がない場合には、将来減算一時差異の合計額が過去3年間の課税所得の合計額の範囲内であれば、回収可能性があると判断する。 　③ 業績が不安定であり、期末における将来減算一時差異を十分に上回るほどの課税所得がない場合又は税務上の繰越欠損金が存在する場合であっても将来の合理的な見積可能期間（最長5年）内の課税所得の見積額を限度として、一時差異等の将来解消の見込みについて取締役会等による合理的な計画（スケジューリング）に基づくものであれば、回収可能性があるものと判断する。スケジューリングを行うことができない場合または行っていない場合には、回収可能性はないものと判断する。 　④ 過去3年以上連続して重要な税務上の欠損金を計上し、当期も欠損金の計上が見込まれる会社及び債務超過又は資本の欠損の状況が長期にわたっており、短期間に当該状況の解消が見込まれない場合には回収可能性はないと判断する。
収益の認識基準	・商品等の販売や役務の給付に基づく収益認識基準には、出荷基準、引渡基準、検収基準等がある。
工事契約 （受注制作のソフトウェアを含む）	・工事の進行途上においても、その進捗部分について成果の確実性が認められる場合には工事進行基準を適用し、この要件を満たさない場合には工事完成基準を適用する。 ・成果の確実性が認められるためには、次の各要素について、信頼性をもって見積もることができなければならない。 　① 工事収益総額 　② 工事原価総額 　③ 決算日における工事進捗度
リース取引	・所有権移転外ファイナンス・リース取引に係る借手は、通常の売買取引に係る方法に準じて会計処理を行う。ただし、通常の賃貸借取引に係る方法に準じて会計処理を行うことができる。この場合は、未経過リース料を注記する。

外貨建取引等	・外貨建取引は、原則として、当該取引発生時の為替相場による円換算額をもって記録する。 ・外国通貨については、決算時の為替相場による円換算額を付す。 ・外貨建金銭債権債務（外貨預金を含む）については、決算時の為替相場による円換算額を付す。ただし、長期のもの（1年超のもの）について重要性がない場合には、取得時の為替相場による円換算額を付すことができる。 ・外貨建売買目的有価証券、その他有価証券（時価のないものを含む）及び評価損を計上した有価証券については、時価（その他有価証券のうち時価のないものについては取得原価）を決算時の為替相場により円換算した額を付す。
組織再編の会計（企業結合会計及び事業分離会計）	・企業結合が行われた場合、結合企業に適用すべき会計処理は、企業結合の会計上の分類に基づき決定される。会計上の分類は、取得（一方の会社が他の会社を支配したと認められる企業結合）、共同支配企業の形成（共同支配となる企業結合）及び共通支配下の取引等（親会社と子会社、あるいは子会社と子会社の企業結合などグループ内の組織再編）である。 ・結合企業が被結合企業から受け入れる資産及び負債は、企業結合が取得と判定された場合には時価を付し、それ以外の場合には被結合企業の適正な帳簿価額を付すことになる。時価を付すべき場合にも、一定の要件を満たす場合には、被結合企業の適正な帳簿価額によることができる。 ・事業分離が行われた場合、分離元企業に適用すべき会計処理は、分離元企業にとって移転した事業に対する投資が継続しているかどうかに基づき決定される。 ・投資が継続している場合（受取対価が株式のみで、その株式が子会社株式又は関連会社株式に該当する場合）には、損益は発生せず、投資が清算された場合（受取対価が現金の場合など）には、原則として、移転損益が発生する。
個別注記表	・次の事項を注記する。 ① 重要な会計方針に係る事項に関する注記 ② 株主資本等変動計算書に関する注記 ③ その他の注記

3号 なるほど。内容を見てみると、中小企業会計指針は、企業会計基準の簡略版といったところですね。また、一部について、税法基準による会計処理を認めていますね。

中小企業会計指針って、企業会計基準の簡略版か…。税法基準も結構認められているみたいだぞ。

22 企業会計基準 vs 中小企業会計指針 vs 税法基準
～どんな差異を別表四で調整するの？～

2号 それでは、本日の最後に、企業会計基準及び中小企業会計指針の会計処理が、税法基準とどこが違っているのかを説明します。

この差異を把握することはとても重要です。3号さん、なぜかわかりますか？

3号 企業会計基準又は中小企業会計指針で財務諸表を作成した場合は、その会計処理と税法基準との差異を法人税申告書の別表四で調整して課税所得を計算するから、この差異を把握することは税理士にとって重要ですね！（⇨次ページ参照）

2号 そうです！　ただし、財務諸表を税法基準で作成した場合は、調整する差異はないことになります。

> この会計と税務の差異が申告書別表四で加算・減算調整されて、税金計算が行われるんだぁぁぁあ。生まれて初めて知ったぞ。

《これが、別表四での調整項目だぁぁぁ！》

勘定科目	会計処理	会計での処理	
		企業会計基準	中小企業会計指針
固定資産	減価償却費の計算方法	●実務上は、通常、税法基準を採用。 ●ただし、定期借地権、定期借家権のある建物等の耐用年数を契約期間にするケースもあり。	税法基準を採用可能
	減損会計	適用	適用
	資産除去債務	適用	不適用（検討中）
リース会計	リース区分	●ファイナンス・リース取引とオペレーティング・リース取引の区分はノンキャンセラブル及びフルペイアウトで判断 ●ファイナンス・リース取引の所有権移転と移転外は、リース契約上の諸条件（所有権移転条項、割安購入権、特別仕様等）に照らして判断	企業会計基準とほぼ同様の判断
	所有権移転ファイナンス・リース取引	売買処理 ●資産計上額 原則、貸し手の購入価額。ただし、貸し手の購入価額が明らかでない場合は、リース料総額の割引現在価値と見積現金購入価額のいずれか低い額 ●償却方法 購入資産の減価償却と同様の方法	特定定めていないが、企業会計基準及び税法基準と同様と考えられる。
	所有権移転外ファイナンス・リース取引	売買処理 ●資産計上額 原則、リース料総額の割引現在価値と貸し手の購入価額のいずれか低い額。 ただし、貸し手の購入価額が明らかでない場合は、リース料総額の割引現在価値と見積現金購入価額のいずれか低い額。 ●償却方法 リース資産定額法 ●重要性基準によりリース料総額が300万円以下又はリース期間が1年以内のリース取引等は賃貸借処理も可能。	売買処理又は賃貸借処理 資産計上額及び償却方法は特定定められていないが、企業会計基準及び税法基準と同様と考えられる。
	オペレーティング・リース取引	賃貸借処理	賃貸借処理
有価証券	有価証券の区分と評価方法	①売買目的有価証券：時価 ②満期保有目的債券：取得原価（償却原価） ③子会社株式及び関連会社株式：取得原価 ④その他有価証券（時価があるもの）：時価（全部純資産直入法） ⑤その他有価証券（時価がないもの）：取得原価	企業会計基準と同じ
	減損処理（時価があるもの）	時価のある有価証券について、その有価証券の価額が著しく低下した場合（次の①②を満たした場合）は、減損処理を行う。 ①50％程度以上下落していること ②時価の回復が見込まれないこと	企業会計基準と同じ ただし、法人税法に定める処理に拠った場合と比べて重要な差異がないと見込まれるときは、法人税法の取扱いに従うことが認められる。
	減損処理（時価がないもの）	●時価のない有価証券の発行会社の財政状態の悪化により実質価額が著しく低下したときは、減損処理をしなければならない。 財政状態の悪化とは、1株当たりの時価純資産価額が、株式を取得したときのそれと比較して相当程度下回っている場合をいう。 ●実質価額が著しく低下した場合とは、有価証券の実質価額である時価純資産価額が取得原価に比べて50％程度以上低下した場合をいう。 ただし、株式の実質価額について、回復可能性が十分な証拠によって裏付けられる場合には、期末において相当の減額をしないことも認められる。	●市場価格のない株式について、発行会社の財政状態の悪化により実質価額が著しく低下したときは、減損処理をしなければならない。 ●実質価額が著しく低下したときとは、少なくとも株式の実質価額が取得原価に比べて50％程度以上低下した場合をいう。 ただし、市場価格のない株式の実質価額について、回復可能性が十分な証拠によって裏付けられる場合には、期末において相当の減額をしないことも認められる。 ●また、法人税法に定める処理に拠った場合と比べて重要な差異がないと見込まれるときは、法人税法の取扱いに従うことが認められる。

税務の処理	別表四での税務調整
税法基準	
法定償却方法（定額法又は定率法）、法定耐用年数、法定償却率で計算される。	●原則、税務調整はない。 ●ただし、耐用年数が異なる場合等は調整あり。
不適用	●減損処理した金額を加算調整。 ●減価償却資産の場合、減損処理後、償却不足額に応じて減算認容。
不適用	資産除去債務に対応する費用を加算調整。資産を実際に除却した時に減算認容。
●企業会計基準とほぼ同様の判断（法法64の2③、法令48の2⑤五） ●ただし、税法上、オペレーティング・リース取引の区分はない。	
売買処理 ●資産計上額 　原則、リース料総額。ただし、リース料総額から利息相当額を控除した金額とすることも可能（法基通7-6の2-9）。 ●償却方法 　購入資産の減価償却と同様の方法	ファイナンス・リース取引について 　①リース区分 　②資産計上額 　③償却期間 の相違により税務調整が生じる場合がある。
売買処理 ●資産計上額 　原則、リース料総額。ただし、リース料総額から利息相当額を控除した金額とすることも可能（法基通7-6の2-9）。 ●償却方法 　リース期間定額法（法令48の2①六） ●ただし、会計上、賃貸借処理を採用した場合でも、支払リース料は減価償却費とみなされる（法令131の2③）。そのため、通常、支払リース料＝リース期間定額法による減価償却費となるため、税務調整は不要となる（つまり、税務上も賃貸借処理を認めている）。	
賃貸借処理	
企業会計基準とほぼ同じ	通常、税務調整に生じない。
●時価のある有価証券について、その有価証券の価額が著しく低下した場合（次の①②を満たした場合）は、会計上の評価損を損金算入できる（法令68①二、基通9-1-7）。 　①おおむね50％以上下落していること 　②近い将来その価額の回復が見込まれないこと ●ただし、回復可能性は、監査法人の監査を受けていれば、会計上の判断基準に従ってよい（上場有価証券の評価損に関するQ&A）。	通常、税務調整は生じない。 ただし、30％～50％の時価の下落で減損処理した場合は、評価損を加算調整。
時価のない有価証券について、その有価証券を発行する法人の資産状態が著しく悪化したため、その価額が著しく低下した場合は、会計上の評価損が損金算入できる（法令68①二、法基通9-1-9・9-1-11）。 ⅰ　発行法人の資産状態が著しく悪化したこと（次の①又は②を満たす場合） 　①破産等法的な手続の決定の事実が生じたこと 　②当該事業年度終了の日における1株当たりの純資産価額が有価証券を取得した時の1株当たりの純資産価額に比しておおむね50％以上下回ることとなったこと ⅱ　有価証券の価額が著しく低下したこと（次の①及び②を満たす場合） 　①おおむね50％以上下落していること 　②近い将来その価額の回復が見込まれないこと	回復可能性がないことの判断は、税務上、会計よりも厳格に判断される。 その結果、税務上認められない評価損は、加算調整。

貸倒引当金	債権区分と引当計算	①一般債権：貸倒実績率 ②貸倒懸念債権：財務内容評価法又はキャッシュ・フロー見積法 ③破産更生債権：財務内容評価法	企業会計基準と同じ ただし、税法基準の貸倒引当金繰入限度額が明らかに取立不能見込額に満たない場合を除き、繰入限度額相当額をもって貸倒引当金とすることができる。
ゴルフ会員権	減損処理	適用	適用
ソフトウェア	資産計上の範囲と償却方法	●研究開発に該当するソフトウェアの制作費は研究開発費として費用処理する。 ●研究開発に該当しないソフトウェアの制作費は、次のように会計処理する。 ①社内利用のソフトウェア 　その利用により将来の収益獲得又は費用削減が確実であると認められる場合には、取得に要した費用を無形固定資産として計上する。 　償却方法は、5年以内の定額法。 ②市場販売目的のソフトウェア 　製品マスターの制作費は、無形固定資産として計上する。 　償却方法は、見込販売数量又は見込販売収益法に基づく償却方法（毎期の減価償却費は残存有効期間（3年以内）に基づく均等配分額を下回ってはならない）。	●研究開発に該当するソフトウェアの制作費は研究開発費として費用処理する。 ●研究開発に該当しないソフトウェアの制作費は、次のように会計処理する。 ①社内利用のソフトウェア 　その利用により将来の収益獲得又は費用削減が確実であると認められる場合には、取得に要した費用を無形固定資産として計上する。 　償却方法は、合理的な方法により償却する。ただし、法人税法の定める償却方法を採用することもできる。 ②市場販売目的のソフトウェア 　製品マスターの制作費は、無形固定資産として計上する。 　償却方法は、見込販売数量に基づく償却方法その他合理的な方法により償却する。ただし、法人税法の定める償却方法を採用することもできる。
外貨建取引	決算時の換算	●子会社株式及び関連会社株式は取得時の為替相場 ●それ以外は決算時の為替相場	●子会社株式及び関連会社株式は取得時の為替相場 ●それ以外は決算時の為替相場 ●ただし、長期外貨建金銭債権債務（1年超のもの）について、重要性がない場合には、取得時の為替相場によることができる。
退職給付引当金	－	引当計上 ●従業員300名以上は年金数理計算による原則法 ●従業員300名未満は期末自己都合要支給額による簡便法	引当計上 原則として期末自己都合要支給額による簡便的方法
賞与引当金	－	引当計上	引当計上
工事契約（ソフトウェア含む）	－	成果の確実性が認められる場合には工事進行基準を適用し、成果の確実性が認められない場合には工事完成基準を適用する。	成果の確実性が認められる場合には工事進行基準を適用し、成果の確実性が認められない場合には工事完成基準を適用する。
ストックオプション	－	ストック・オプションの公正な評価額を付与日から権利確定日の期間に費用配分する。	不適用
収益の認識基準	－	商品等の販売や役務の給付に基づく収益認識基準は、出荷基準、引渡基準、検収基準。	商品等の販売や役務の給付に基づく収益認識基準は、出荷基準、引渡基準、検収基準。
税効果会計	－	適用	原則適用 ●ただし、一時差異の金額に重要性がない場合には、繰延税金資産又は繰延税金負債を計上しないことができる。 ●回収可能性も過去3年間の課税所得の合計額の範囲内で計上できるなど、簡便的な計算をすることができる。

①一括評価金銭債権：貸倒実績率（法法52①、法令96①） ②個別評価金銭債権：債権の状況ごとに税務上定められた金額まで引当（法法52②、法令96②）	●会計と税務では、債権区分及び引当額の計算がすべて異なるため、通常、税務調整が生じる。 ●会計上の破産更生債権のうち税務上の個別評価金銭債権に該当するものは、個別評価金銭債権に対する繰入限度超過額を加算調整。 ●会計上のそれ以外の債権は、税務上の一括評価金銭債権に該当するため、一括評価金銭債権に対する繰入限度超過額を加算調整。
減損処理は認められない。	評価損を加算調整
●研究開発に該当するソフトウェアの製作費は研究開発費として費用処理することができる（法基通7-3-15の3）。 ●ただし、自社利用のソフトウェアに係る研究開発費については、その利用により将来の収益獲得又は費用削減につながらないことが明らかなものだけ費用計上し、それ以外の研究開発費はソフトウェアの取得価額に算入する。 ●研究開発費に該当しないソフトウェアの製作費（上記の取得価額に算入する研究開発費を含む）は、次のように会計処理する。 ①社内利用のソフトウェア（複写して販売するための原本以外のもの） 　将来の収益獲得又は費用削減が確実であるかどうかに関係なく無形固定資産として計上する。償却方法は、5年定額法。 ②市場販売目的のソフトウェア（複写して販売するための原本） 　製品マスターの製作費を無形固定資産として計上する。 　償却方法は、3年定額法。	ソフトウェアの計上額及び減価償却費について、次のような原因で、費用処理額の加算調整が生じる。 ①自社利用のソフトウエアに係る研究開発費について、その利用により将来の収益獲得又は費用削減の効果がないことが明らかでない場合は、会計上は費用となるが、税務上は資産計上される。 ②自社利用のソフトウェアの製作費について、将来の収益獲得又は費用削減の効果が不明な場合は、会計上は費用計上するが、税務上は資産計上する。 ③償却方法について、自社利用のソフトウェアは、会計は5年以内定額法、税務は5年定額法、市場販売目的のソフトウェアは、会計は見込販売数量又は見込販売収益法に基づく償却方法、税務は3年定額法となる。
法定換算方法と一致しない場合でも、会計方針の届出を提出することで会計と同じ換算方法を採用することが可能（法法61の8①・61の9①④、法令122の7）。	税務上の換算方法を会計に一致させた場合、税務調整は生じない。
引当計上は認められない	退職給付引当金の残高を加算調整
引当計上は認められない	賞与引当金の残高を加算調整
●次の要件を満たす場合は、工事進行基準が適用される（法法64①、法令129①②）。また、赤字の工事についても適用される。 ①着手日から引渡期間が1年以上 ②請負対価が10億円以上 ③請負対価の2分の1以上が引渡日から1年経過日後に支払われるものでないこと ●上記の要件を満たさない場合は、工事完成基準と工事進行基準が選択適用される（法法64②）。	工事進行基準の適用範囲が異なるため、売上及び売上原価の税務調整が必要となる。
不適用 ただし、非適格のストック・オプションについて、役務の提供に係る費用の額（新株予約権の発行時の時価）は、行使時に損金算入される（法法54①②③④⑤⑥、法令111の2①②③）。	原則、株式報酬費用は加算調整。 ただし、非適格のストック・オプションについては、行使時に減算認容される。
商品等の販売や役務の給付に基づく収益認識基準は、出荷基準、引渡基準、検収基準（法基通2-1-2）。	通常、税務調整は生じない。
繰延税金資産及び繰延税金負債の計上は認められない。	繰延税金資産及び繰延税金負債の残高を加算・減算調整。

おわりに

1号 なるほど。日本には、企業会計基準、中小企業会計指針、税法基準があって、企業会計基準や中小企業会計指針で財務諸表を作成している会社は、上記の税法基準との差異を別表四で調整して税金を計算することになるんだな。そして、税法基準で財務諸表を作成している会社は、税金計算する場合も税務調整は不要なんだな。

　よし！　日本の会計基準を制したところで、今度は、IFRSの会計基準は日本の会計基準と具体的にどう違うのか？　を教えてくれ！

ブラック いや！　待ってください！　今の日本基準や税法基準ははっきりいって、オイラにとっては眠くなる話でした（キッパリ）。そして、さらに、ここからIFRSの会計処理の話を聞くのは、拷問に近いものがあります。

　だから、まず、IFRSが適用される関与先を教えてください。多分、オイラの担当している関与先はIFRSは無関係なはずですから、その場合は、それ以後の話をテキトー、いや、適度に聞けますからね。

2号 わかりました。では、IFRSの会計処理を解説する前に、IFRSが適用されるのはどんな関与先か、を確認しましょう。

　　　　　　　　　　　　　　　　　　　　　　　　　　（続く）

調査ファイル **3**

どういう関与先に IFRS は適用されちゃうの？

はじめに

ブラック ぶっちゃけて言うと、自分の関与先に適用されなければ、今までのことは忘れたいです。そして、これからのことも、テキトー、いや、適度に聞き流したいです。

お願いします！ オイラの関与先には関係ないって、言ってください！

2号 なるほど。自分の関与先に関係あるのかないのか？ 関係ある場合は、会計事務所の担当者にも当然関係してきますしね。それぞれの税理士の真剣度が大きく変わってくるでしょうね。

では、これから、IFRSが、どういう会社に、どう適用されるのか確認してみましょう。

1 そもそも連結財務諸表って何だ？

2号 まず、IFRSは、上場会社の連結財務諸表について適用すると言われています。そこで、まず、連結財務諸表とは何か？ について説明したいと思います。

ブラック オイラは、上場会社グループを担当していないですから、連結財務諸表がそもそもわかりません。ぜひお願いしやす。

2号 親会社及び子会社が単独で作成する財務諸表を個別財務諸表、親会社と子会社が一体となって作成する財務諸表を連結財務諸表と言います。

つまり、連結財務諸表とは、企業グループを一体として作成される財務諸表をいいます。簡単に言うと、上場会社と子会社の財務諸表を合算して、そこに親会社と子会社間又は子会社間の取引を消去して作成される財務諸表を言います。

ここで、子会社とは、親会社が50％超の株式を所有している子会社を言いますが（形式基準）、役員会の過半数を占めているなど状況から考え

て親会社が実質的に支配している会社も、子会社に含めることになります（実質基準）。

実務上の連結財務諸表の作成方法を、次に説明してみます。

《連結財務諸表の作成方法①～連結精算表とは～》

連結財務諸表は、個別財務諸表を単純合算して、内部取引の消去など連結修正仕訳を加えて作成する。

この各社の個別財務諸表の数値を合算し、連結修正仕訳の数値を集計したものを連結精算表という。

[具体的な作成イメージ]

	単純合算				連結修正						連結財務諸表
(貸借対照表)	親会社P社	子会社A社	子会社B社	計	投資と資本の消去	債権債務の消去	貸倒引当金の消去	内部取引の消去	...	...	
現預金	30	3	8	41							41
貸付金	28	0	0	28		(28)					0
貸倒引当金	(8)	(2)	(7)	(17)			8				(9)
...											...
借入金	(0)	(20)	(8)	(28)		28					0
資本金	(90)	(30)	(20)	(140)	50						(90)
利益剰余金	(20)	(10)	(3)	(33)			8				
...											
(損益計算書)											
売上	(300)	(50)	(100)	(450)				80			(370)
...											
当期純利益	(18)	(29)	8	(39)			8				...
(株主資本等変動計算書)											
期首連結剰余金	(2)	19	(11)	6							...
当期純利益	0	0	0								
...											

（「次ページ」は連結修正部分を指す）

《連結財務諸表の作成方法②〜連結修正仕訳とは〜》

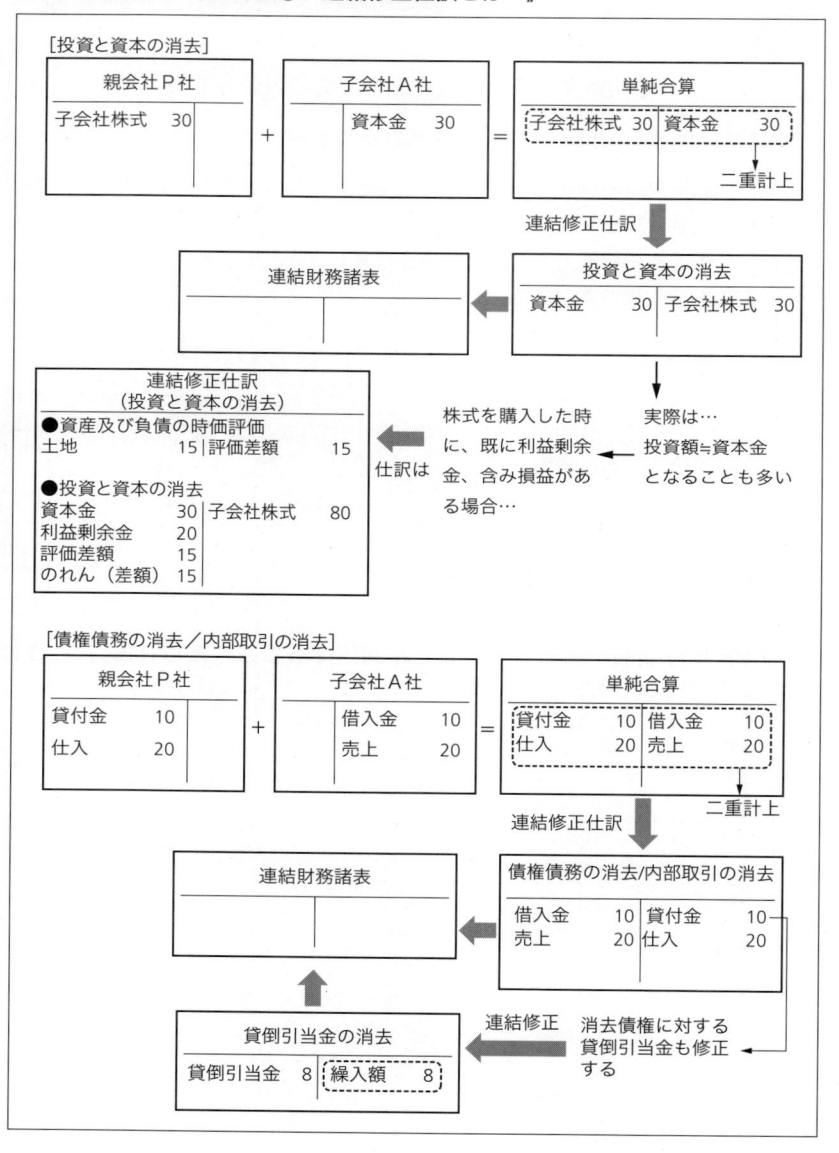

[投資と資本の消去]

親会社P社
子会社株式　30

＋

子会社A社
資本金　　　30

＝

単純合算
子会社株式　30 ／ 資本金　　30

→ 二重計上

連結修正仕訳 ↓

投資と資本の消去
資本金　30 ／ 子会社株式　30

→ 連結財務諸表

実際は…投資額≒資本金となることも多い

株式を購入した時に、既に利益剰余金、含み損益がある場合…　仕訳は

連結修正仕訳（投資と資本の消去）
●資産及び負債の時価評価
土地　　　　　15 ／ 評価差額　15
●投資と資本の消去
資本金　　　　30 ／ 子会社株式　80
利益剰余金　　20
評価差額　　　15
のれん（差額）15

[債権債務の消去／内部取引の消去]

親会社P社
貸付金　10
仕入　　20

＋

子会社A社
借入金　10
売上　　20

＝

単純合算
貸付金　10 ／ 借入金　10
仕入　　20 ／ 売上　　20

→ 二重計上

連結修正仕訳 ↓

債権債務の消去/内部取引の消去
借入金　10 ／ 貸付金　10
売上　　20 ／ 仕入　　20

→ 連結財務諸表

連結修正　消去債権に対する貸倒引当金も修正する

貸倒引当金の消去
貸倒引当金　8 ／ 繰入額　8

2 IFRSはどういう関与先に適用されるの？

2号 さて、連結財務諸表が何か？ がわかったところで、実際にIFRSが、どのような会社に適用されるのかを説明したいと思います。

まず、IFRSが適用される会社を考える上でポイントとなるのは、次の2つとなります。

① 連結財務諸表と個別財務諸表のいずれにも適用されるのか？
② 非上場会社にも適用されるのか？

まず、①については、『我が国における国際会計基準の取扱いについて（中間報告）』（平成21年6月16日　企業会計審議会 企画調整部会）（以下「中間報告」）によると、「IFRSによる財務諸表の作成を強制する対象としては、現時点では、国際的な比較可能性を向上するという観点を踏まえれば、グローバルな投資の対象となる市場において取引されている上場企業の連結財務諸表を対象とすることが適当であると考えられる。」とされており、連結財務諸表への適用は必須とされています。

また、個別財務諸表にも適用されるかについては、「IFRSが強制適用された場合の個別財務諸表の取扱いについては、連結財務諸表が個別財務諸表をベースに作成されており、連結財務諸表と個別財務諸表とで適用基準が異なれば、企業の財政状態及び経営成績を表す基礎となる利益計算に違いが生じることになり、財務諸表の利用者の判断を誤らせる恐れがあることや、2つの基準で財務諸表を作成するコストに鑑み、個別財務諸表についても連結財務諸表との整合性を重視しIFRSにより作成すべきとの考え方がある。他方、個別財務諸表は、国際的な比較可能性の面からは、連結財務諸表ほど重視されないこと、前記のとおり会社法・法人税法との関係の整理のための検討・調整が必要となることなどから、個別財務諸表へのIFRSの適用には慎重な考え方もある。したがって、上場企業の連結財務

諸表へのIFRSの適用に加えて、上場企業の個別財務諸表（連結財務諸表を作成していない企業のものを含む。）へ適用することについては、強制適用の是非を判断する際に、幅広い見地から検討を行う必要がある。」とされており、個別財務諸表にもIFRSを適用すべきか否かはこれから検討することになりました。

　ちなみに、IFRSやコンバージェンスされた企業会計基準を連結財務諸表だけに適用して、個別財務諸表は旧会計基準を適用することを「連結先行」と言います。

ブラック　先攻？　後攻？　プロレスには先攻とか後攻とかないよね？

2号　（無視して）また、②についてですが、同様に中間報告によると、「非上場企業は、一般的に、上場企業に比してグローバルな投資の対象になっていないと考えられる。とりわけ、中小・中堅規模企業はIFRS適用のニーズは低いと考えられ、IFRSに基づく財務諸表作成のための体制整備や準備の負担を考えると、非上場企業へのIFRSの適用は慎重に検討すべきである。一方で、国際的な財務・事業活動を行っている上場企業の子会社や連結財務諸表を作成する非上場企業及び近い将来上場を計画している非上場企業については、IFRSに基づく連結財務諸表等の作成を認めることのニーズはあると思われる。したがって、これらも踏まえ、非上場企業に対し任意にIFRSでの財務報告を認めるかどうかについては、改めて検討される必要があるものと考えられる。」とされています。

　さらに、『国際会計基準（IFRS）に関する誤解』（2010年4月金融庁）によると、「非上場の会社（中小企業など）に対するIFRSの強制適用は、将来的にも全く想定されていない。」、「（注）上場会社の連結財務諸表にIFRSを適用する場合、当該会社の非上場の連結子会社等は親会社に対し、親会社がIFRS適用のために必要な情報を提供する必要があるが、その場合であっても、当該連結子会社等が作成する財務諸表にIFRSの適用を強制することはない。」とされていることから、上場会社の子会社以外の非

上場会社にはIFRSは適用されません。

　さらに、上場会社の子会社についてもIFRSを強制適用しないとされています。

1号　なるほど〜。

3号　ちなみに、上場会社なら、すべての会社にIFRSが適用されることになるんですか？

2号　IFRSの適用対象をすべての上場会社にするか否かは、これから検討されるみたいだよ。事業活動を国内だけでやっていて海外で資金調達をしない企業には、IFRSを適用する必要がないのでは？　という意見もあって、例えば、海外で事業を行う大企業にのみIFRSを強制適用することにして、それ以外の国内でのみ事業を行う企業には、日本の会計基準の適用を認めようという案や、その会社の上場する市場でIFRSと日本の会計基準の適用を区別しようとする案があったりするらしいよ。

3号　ただ、海外で資金調達をする必要がない企業でも、海外の投資家が日本企業の株式を購入する時に、IFRSを適用しているとその会社の株式を購入しやすいということもあるでしょうから、簡単に上場会社をIFRS強制組と日本基準選択組に分けることはできないかもしれませんね。

2号　いずれにしても今後の議論に注目ですな。

ブラック　よーし！　じゃあ、具体的に、うちの担当者ごとに関与先にIFRSが適用されるのかどうか教えてくれよ。

1号　だいたいだけど、うちの事務所は、こんな感じでお客さんの担当が決まっているよ。

・**1号**：上場会社
・**2号**：上場会社の子会社
・**3号**：会社法上の大会社（上場会社以外）
・**4号**：ベンチャー企業
・**ブラック**：中小企業

---

3 上場会社を担当している1号の場合

1号 俺が担当している関与先は、上場会社が数社あるんだけど、さっきの話からすると上場会社にはIFRSが適用されるんだね。ただし、連結財務諸表は強制、個別財務諸表は任意といったところかな。

2号 そうなると思います。具体的には、1号さんが担当している上場会社については、次の3つの適用形態が考えられます。

なお、ここから、日本の企業会計基準のことを「日本基準」と言うことにします。

《上場会社におけるIFRSの適用形態》

	適用形態	特徴
1	上場会社及び子会社の個別財務諸表の段階でIFRSを適用する方法	この場合、連結財務諸表の作成においてIFRSベースに組み替える必要はない。
2	上場会社の個別財務諸表はIFRS、子会社の個別財務諸表は日本基準を適用して、連結財務諸表を作成するときに子会社の個別財務諸表をIFRSベースに組み替える方法	IFRSベースへの組替は親会社が一括して行うため、子会社は親会社に対し、IFRS適用のための必要な情報を提供する必要がある。
3	上場会社及び子会社の個別財務諸表は日本基準を適用し、連結財務諸表を作成する時に、上場会社及び子会社の個別財務諸表をIFRSベースに組み替える方法	親会社は二重基準で個別財務諸表を作成する。 また、IFRSベースへの組替は親会社が一括して行うため、子会社は親会社に対し、IFRS適用のための必要な情報を提供する必要がある。

《形態1：個別財務諸表の作成段階で親会社及び子会社ともに IFRS を適用するケース》

〈特徴〉
- ●親会社でIFRSベースへの組替作業が発生しない。
- ●子会社はIFRSベースの情報のみを把握すればよい。
- ●会計基準が統一されるため二重基準にはならない。

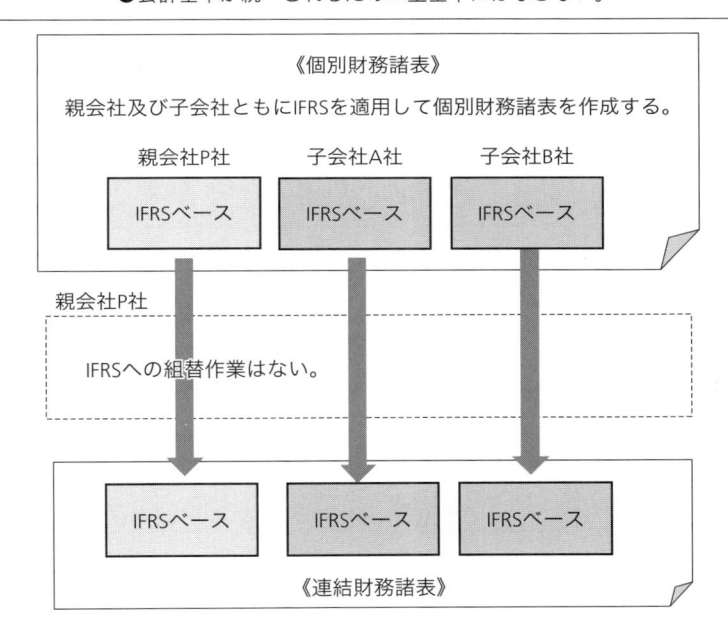

《個別財務諸表》

親会社及び子会社ともにIFRSを適用して個別財務諸表を作成する。

親会社P社	子会社A社	子会社B社
IFRSベース	IFRSベース	IFRSベース

親会社P社

IFRSへの組替作業はない。

| IFRSベース | IFRSベース | IFRSベース |

《連結財務諸表》

《形態２：個別財務諸表の作成段階では親会社は IFRS、子会社は日本基準を適用するケース》

〈特徴〉
- 親会社でIFRSベースへの組み替え作業が発生。
- 子会社も結局、IFRSベースの情報提供を行う。
- 結果的に子会社は、二重基準の適用となり、グループで事務負担が増加。

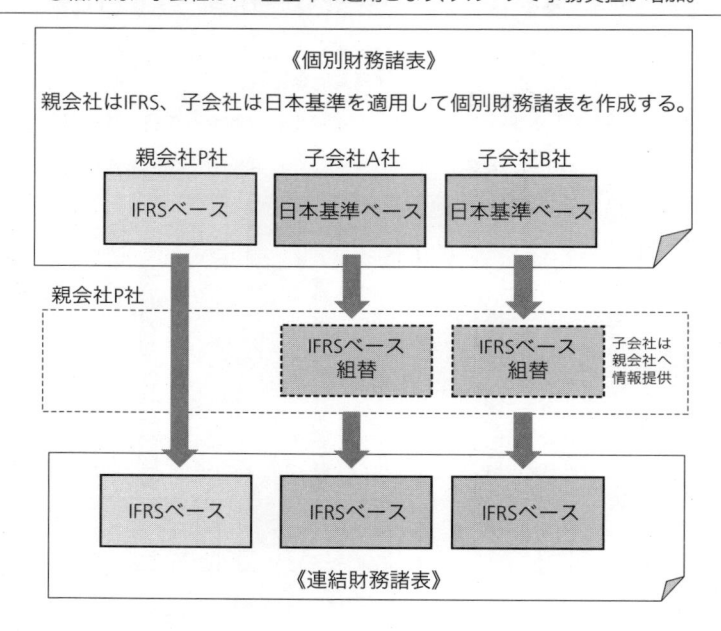

《個別財務諸表》

親会社はIFRS、子会社は日本基準を適用して個別財務諸表を作成する。

親会社P社	子会社A社	子会社B社
IFRSベース	日本基準ベース	日本基準ベース

親会社P社

| | IFRSベース組替 | IFRSベース組替 | 子会社は親会社へ情報提供 |

| IFRSベース | IFRSベース | IFRSベース |

《連結財務諸表》

《形態3：個別財務諸表の作成段階では日本基準を適用するケース》

〈特徴〉
- 親会社でIFRSベースへの組み替え作業が発生。
- 子会社も結局、IFRSベースの情報提供を行う。
- 結果的に2重基準の適用となり、グループで事務負担が増加。

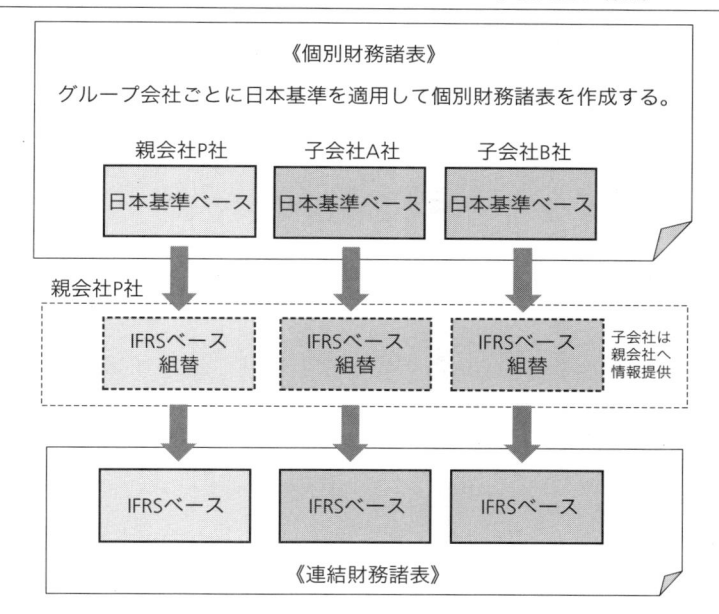

《個別財務諸表》
グループ会社ごとに日本基準を適用して個別財務諸表を作成する。

親会社P社：日本基準ベース
子会社A社：日本基準ベース
子会社B社：日本基準ベース

↓

親会社P社
IFRSベース組替 / IFRSベース組替 / IFRSベース組替
（子会社は親会社へ情報提供）

↓

IFRSベース / IFRSベース / IFRSベース

《連結財務諸表》

4 上場会社の子会社を担当している3号の場合

3号 今の1号先輩のケースから考えると、私が担当している関与先のうち、上場会社の子会社は、個別財務諸表の作成段階でIFRSを適用する場合と個別財務諸表は日本基準で作成して、親会社がIFRSベースに組み替えしてくれる場合の2つがあるんですね。

ただし、親会社がIFRSベースに組み替えてくれる場合でも、子会社はIFRSベースに組み替えるための情報を親会社に提供する必要があるんですね。

2号 そうです。そして、子会社が個別財務諸表をIFRSベースで作成するか、日本基準で作成するかの判断は、親会社が行うことになります。

5 会社法上の大会社を担当している2号の場合

2号 僕が担当しているようなお客さんのうち、非上場会社だけど会社法上の大会社（資本金5億円以上又は負債総額200億円以上の会計監査の必要な会社）は、IFRSと日本基準の選択適用になると考えられます。

　これは、上場会社の子会社で会社法上の大会社に該当する場合も同じ考え方となります。

6 ベンチャー企業を担当している4号の場合

4号 ワタクシハ、ベンチャー企業ヲタントウシテイマス。ベンチャー企業ハ、ヒジョウジョウ会社デスカラ、IFRS ハムカンケイ、ト考エレバイイノデスカ？

2号 ベンチャー企業の場合でも、もし、その企業が上場準備をしている場合や公認会計士監査を受けている場合は、法律上の義務はありませんが、IFRSにより財務諸表を作成することになるでしょう。

4号 ドウモアリガトウゴゼーマシタ。

7 中小企業を担当しているブラックの場合

ブラック さっきの話からすると、オイラの担当している中小企業は、上場企業グループじゃないから、IFRSは適用しなくてもいいんだよね！
だから、オイラはIFRSを知らなくていいぞ！　ってことですね！　IFRSは関係ないんですね！　さぁ、帰るぞ！　ブレン・バスタ税理士と新橋に

飲みに行くぞ！

2号　おおよそ、その理解で間違いありません。ブラックさんにはIFRSは縁遠いですね。

　　ただし！　IFRSがまったく中小企業に関係ないか、といったらウソになります。

ブラック　（携帯でブレン・バスタ税理士と話しながら）へっ??

2号　IFRSは、ブラックさんが担当している中小企業にも間接的、かつ、長期的には影響することになりそうです。

ブラック　（ブレン・バスタ税理士と待ち合わせ場所を新橋駅前のSLが展示されているところに決めながら）へっ??

2号　具体的は次の2つの関係で、IFRSは、中小企業にも影響を与えることになります。

中小企業へ与えるIFRSの間接的、長期的な影響

① IFRSがコンバージェンスにより、日本基準を改正し、さらに、その日本基準が税法の改正につながる。

② IFRSの導入にともない、新しい中小企業会計基準が制定される。

ブレン・バスタ

えっ!?
まったく関係ないわけじゃないの？
そんな馬鹿な…。
ブレン・バスタ税理士と約束しちゃったんだけど…。
新橋行かないといけないんだけど…。

ブラック　IFRSによって、税法が改正されるって、具体的にはどういうこと？

2号　まず、IFRS自体も現在、いろいろな見直しや新基準が検討、公表さ

れているところです。そして、IFRS の会計基準の改正や新設にともない、日本基準のコンバージェンスが行われます。

　そして、過去の例を見てみると、日本基準の改正や新設の内容が税収にマイナスでない場合は、法人税法を新しい日本基準に合わせて改正するケースがあります。

過去に、IFRSから日本基準のコンバージェンスが法人税法の改正につながったケース

① 新リース会計基準の適用による法人税法改正
　所有権移転外ファイナンス・リース取引について、新リース会計基準の改正に合わせて、法人税法上も賃貸借処理から売買処理に改正された（ただし、賃貸借処理も実質的に容認）。

② 過年度遡及修正基準の適用による法人税法の改正
　過年度遡及修正基準の導入にともない、法人税法上次の措置が講じられた。
・陳腐化償却制度を廃止する。
・耐用年数の短縮特例について、国税局長の承認を受けた未経過使用可能期間をもって耐用年数とみなすことにより、その承認後は未経過使用可能期間で償却できる制度とする。
・確定申告書等の添付書類に過年度事項の修正の内容を記載した書類を追加する。

> IFRS→日本基準→法人税法改正…。じわじわ影響を与えるってことか。でも、税収が減らない会計処理だけだろうな。

🧑‍🎤**ブラック**　IFRS が導入されることで新しい中小企業会計基準が制定される、ってどういうこと？

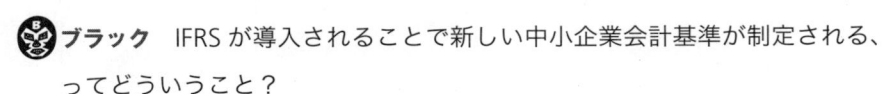

🧑‍🎤**2号**　今回、IFRS を導入することを契機として、もう一度、非上場企業、中小企業の会計基準を見直そうという機運が高まりました。

　具体的には、2010 年 2 月に中小企業庁において設置された「中小企業の会計に関する研究会」（以下「研究会」）と同年 3 月に企業会計基準委員会等の民間団体により設置された「非上場会社の会計基準に関する懇談会」（以下「懇親会」）が統合され、「中小企業の会計に関する検討会」が設

置されました。

　そのうち、『中小企業の会計に関する研究会　中間報告書』(平成22年9月) 及び『非上場会社の会計基準に関する懇談会　報告書』(平成22年8月30日) (以下「研究会及び懇親会の報告書」) では、次のような点が報告されています。

　① 　現在の中小企業会計指針の見直し
　② 　新しい中小企業会計基準の策定

　次に、この2つの点について、研究会及び懇親会の報告書における報告内容をまとめてみました。

現在の中小企業会計指針の見直しのポイント

① 中小企業会計指針は、現在、主として中小企業関係者から、多くの中小企業にとって、高度かつ複雑である、経営者は理解しにくい、会計処理の選択の幅が限定的である、中小企業の商慣行や会計慣行の実態に必ずしも即していない部分がある等との指摘がされている。

② 中小企業会計指針は、企業会計基準を簡素化する形で策定・改訂が行われる。このため、企業会計基準のIFRSへのコンバージェンスが行われる度に、中小企業会計指針についても、改訂がなされ、間接的にIFRSへのコンバージェンスが行われることとなる。

　これまで、IFRSへのコンバージェンスにより、中小企業会計指針の個別勘定項目では、棚卸資産、リース取引、収益・費用の計上（工事契約）、組織再編の会計が改訂され、資産除去債務が今後の検討事項とされている（以上『中小企業の会計に関する研究会　中間報告書』より）。

③ 現在の中小企業会計指針の見直しに関してであり、以下の内容とする。
・平易な表現に改める等、企業経営者等にとっても利用しやすいものとする。
・会計参与が拠るべきものとして一定の水準を引き続き確保するものとする。
・会社法上の大会社以外の会社すべてを新たに設ける新中小企業会計基準と現在の中小企業会計指針でカバーするために、現在の中小企業会計指針を適用する会社群については、中小企業会計指針の見直し時に、新たに設ける新中小企業会計基準の適用される範囲と整合性のとれるものとする（以上『非上場会社の会計基準に関する懇談会　報告書』より）。

> 今の中小企業会計指針は見直しになるのか。。。見直されると、会計事務所ももっと使うようになるのかな。。。

新中小企業会計基準の策定のポイント

① 企業の実態に応じた会計処理を選択できる幅のあるもの（企業会計基準や中小企業会計指針の適用も当然に認められるもの）とする。
② 記帳についても、重要な構成要素として取り入れたものとする。
③ その改定作業は数年に一度にとどめ、安定的なものとすべきである。また、今後、コンバージェンスが進むことが見込まれる企業会計基準とは、一線を画して、取りまとめ及び改訂作業を行うべきである。
　すなわち、まずは、IFRSへのコンバージェンスを行った企業会計基準で行われる会計処理が、国内制度として安定的に運用されているか、中小企業が行う会計慣行として定着しているか、中小企業の会計慣行として妥当なものかを見極めることが必要である（以上『中小企業の会計に関する研究会　中間報告書』より）。
④ 「会社法上の大会社以外の会社」について一定の区分を設け、その区分に該当するものについては、中小企業会計指針とは別に新たな中小企業会計基準を作成することとする。
　「一定の区分」の区分方法については、会社の属性（同族会社、法定監査対象外の会社、会計参与の設置を当面予定していない会社、資金調達の種類、財務諸表の開示先等。将来上場を目指す企業は対象外とする。）、会社の行っている取引の内容の複雑性（外貨建の取引、デリバティブ等）、会社規模（売上高、総資産、資本金、従業員数等）という複数の意見が出されており、具体的には、報告書公表後、新たな中小企業会計基準を作成する際に、関係者にて検討することとする。
⑤ 国際基準の影響を受けないものとする（以上『非上場会社の会計基準に関する懇談会　報告書』より）。

> 新しい中小企業用の会計基準を作るのか。
> 面倒なことになりそうだな…。
> 今の中小企業会計指針との共存はできるのかな…。
> 新中小企業会計基準は、IFRSとか日本基準のコンバージェンスに影響されるのかな…。

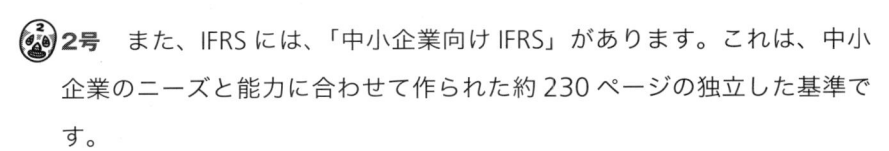

2号　また、IFRSには、「中小企業向けIFRS」があります。これは、中小企業のニーズと能力に合わせて作られた約230ページの独立した基準です。

　資産、負債、収益及び費用の認識と測定に関する完全版IFRSの原則の

多くを簡素化し、中小企業に関連性のない項目は省略するとともに、要求される開示の数を大幅に削減しているそうです。

　中小企業の報告上の負荷をさらに軽減するために、中小企業向けIFRSの改訂は3年に1回に限定されるみたいです。

ブラック　なんだか、中小企業にもIFRSは間接的に影響するってことか。面倒なことにならないといいけど。じゃあ、飲みに行ってきます♪

おわりに

3号　これでIFRSが適用される関与先とIFRSの適用形態、そして、中小企業への影響が確認できましたね。

1号　この話のまとめとして、うちの事務所の関与先を、IFRS関係組と無関係組に分けてみようぜ！（⇨次ページ参照）

（続く）

《担当者別関与先一覧》

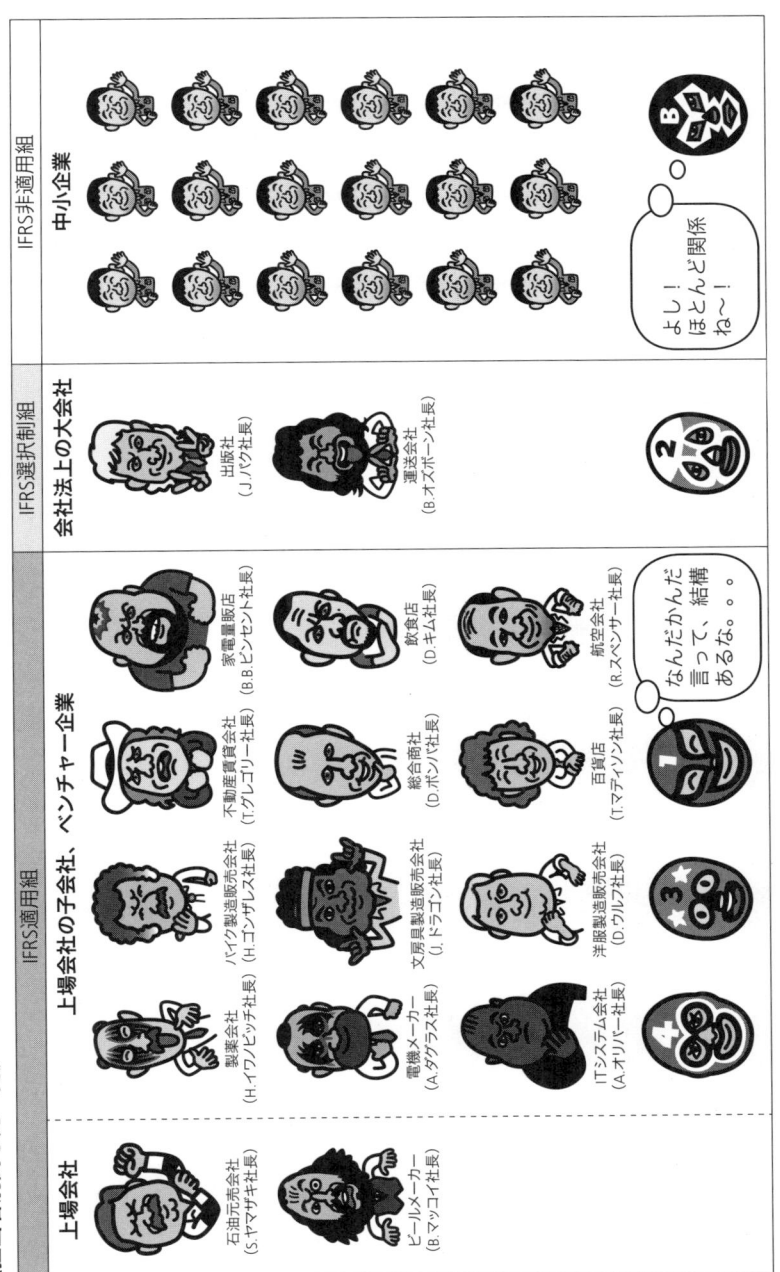

	IFRS適用組		IFRS選択制組	IFRS非適用組
上場会社	上場会社の子会社、ベンチャー企業		会社法上の大会社	中小企業

上場会社
- 石油元売会社 (S.ヤマザキ社長)
- ビールメーカー (B.マッコイ社長)

IFRS適用組（上場会社の子会社、ベンチャー企業）
- 製鉄会社 (H.イワノフ社長)
- 電機メーカー (A.ダウラス社長)
- ITシステム会社 (A.オリバー社長)
- バイク製造販売会社 (H.ゴンザレス社長)
- 文房具製造販売会社 (I.ドラゴン社長)
- 洋服製造販売会社 (D.ウリフ社長)
- 不動産賃貸会社 (J.グレゴリー社長)
- 総合商社 (D.ポトノイ社長)
- 百貨店 (T.マティソン社長)
- 家電量販店 (B.B ビンセント社長)
- 飲食店 (D.キム社長)
- 航空会社 (R.スペンサー社長)

IFRS選択制組（会社法上の大会社）
- 出版社 (J.バク社長)
- 運送会社 (B.オズボーン社長)

IFRS非適用組（中小企業）

「なんだかんだ言って、結構あるな...」
「よし！ほとんど関係ね〜！」

調査ファイル **4**

関与先の財務諸表に
どういう影響があるの？

はじめに

ブラック 前回の話で、オイラの関与先には IFRS は直接的には関係がないってことがわかって、うれしかったな。でも、今日からの話もしっかり理解するぞ〜（まったくやる気なし）。

3号 （無視して）前回までの話に戻ると、日本の企業会計基準は、IFRS にコンバージェンスされていて、IFRS とほぼ同等の会計基準と認定されているんでしたよね？

　ただ、コンバージェンスはあくまで IFRS の原則主義や解釈指針で定める方針に反しないというレベルであって、会計事象によっては、まったく同じ会計処理にはならないということでしたね？　そのため、コンバージェンスからアドプション（採用）という流れになったということでしたね？

2号 そうです。

3号 つまり、逆に言うと、IFRS の会計処理は現在の日本の企業会計基準や中小企業会計指針で定める会計処理、さらには、税法基準とも違うということですね？

　とすると、我々が知っとかないといけないのは、IFRS が関与先に適用された場合、どういう業種の会社、あるいは、どういうビジネスモデルの会社、はたまた、どういう財務状況の会社に、どのような業績上の影響があるのか、ということではないでしょうか？

2号 わかりました。今回は、IFRS で定める会計基準のうち、日本の企業会計基準と大きく違う会計処理は何なのか？　そして、具体的には、どういう関与先に、どういう形で業績に影響するのかを検討しましょう。

　ただし、IFRS は日々進化を遂げています。

ブラック 進化??

2号 つまり、現在も IASB（国際会計基準審議会）は、IFRS の改訂や新設、

見直しなどを行っています。つまり、日々、会計処理が変化しているということです。

したがって、現在、IASB（国際会計基準審議会）で検討している会計基準の改訂や新設の内容を含めて説明をしてきたいと思います。

1 物品の販売を行う製造業、卸売業
～出荷基準から検収基準へ～

2号 IFRSで変わる会計処理のうち、一番大きな影響を与えると言われているのが、売上の計上基準です。

現在の日本の会計慣行において、売上を計上するタイミングの判断基準はわかりますか？

3号 日本では、実現主義の原則が取られています。実現要件は、①商品の引渡し又は役務の提供と、②対価の確定、の2つとなっています。具体的には、出荷基準、納品基準、検収基準といったところです。

2号 そうですね。多種多様なビジネスモデルがある現代で、日本には、この実現主義の原則くらいしか、売上を計上する時の判断基準がありません。そして、日本の企業会計基準には、工事契約を除いて、売上の計上に関する包括的な会計基準がありません。

一方で、IFRSでは、IAS第18号「収益」という収益認識の会計基準が定められています。このIAS第18号「収益」第14項の中では、物品の販売について、売上を計上する時の判断要件を次のように定めています（IASC財団編『国際財務報告基準（IFRS）2010』中央経済社、2010年）。

> **IFRSにおける物品販売の売上の計上要件**
>
> ① 物品の所有にともなう重要なリスク及び経済価値を企業が買い手に移転したこと
> ② 販売した物品に対して、所有と通常結び付けられる程度の継続的な管理上の関与も実質的な支配も企業が保持していないこと
> ③ 収益の額を、信頼性をもって測定できること
> ④ その取引に関連する経済的便益が企業に流入する可能性が高いこと
> ⑤ その取引に関連して発生した又は発生する原価を、信頼性をもって測定できること

ブラック なんかたいそうな売上計上基準ですね。

3号 具体的には、日本の実現主義とどこが違うんですか？

2号 まず、大きく違うのは、日本の実現主義の範疇に入る出荷基準が、上記の要件のうち「①物品の所有にともなう重要なリスク及び経済価値を企業が買い手に移転したこと」を満たしていないということですね。

1号 えっ!! 日本の伝統的な出荷基準が、IFRSだと認められない可能性があるの？

2号 そうなります。つまり、倉庫から出荷した商品について、商品を載せたトラックが交通事故や盗難にあって商品が破損や欠品した場合、普通は、売り主が商品を補充しないといけませんよね？

　つまり、商品を出荷しただけでは、物品の所有にともなう重要なリスクも経済価値も、売り主から買い手に移転してないことになります。

3号 たしかに、実際の取引契約や商慣習から考えても、販売した商品の所有権は、検収してもらったときに初めて買い主さんに帰属することになりますからね。

　つまり、その観点から考えると、確実に要件を満たすのが、検収基準になるんですね？

2号 そうだね。だから、製造業や卸売業のように、物品の販売を行っている関与先にIFRSが適用された場合は、その関与先は、今まで出荷時に売上計上していたものを、検収時に売上を計上する会計処理に変更しないといけなくなります。

1号 どうしても出荷基準を使いたい場合はどうすればいいの？

2号 出荷時点で買い主に所有権が移転するように取引契約を見直すか、買い主が委託する運送会社に売り主の倉庫から直接引き取ってもらうとかしないといけないでしょうね。

3号 現実的には難しいでしょうね。1号先輩！ あきらめてください！

1号 でもさ、出荷の場合は、売り主さんの出荷伝票で売上計上できたのが、検収になった場合は、買い主さんから検収通知書かなんかの書類を入手しないと売上計上できないことになるよな？

　D.ウルフ社長のやっている洋服製造販売会社なんか、決算早期化している中で、そんな検収通知書待ってたら、決算に間に合わないんじゃないかな？

2号 実務上はそういう問題も生じますね。そういう場合は、出荷から検収までの期間を見積もって、決算の数日前の出荷までの売上だけを計上するという実務もあるようです。

　出荷から検収にだいたい3日かかる場合は、3月28日までの出荷を売上計上するなんて感じですね。

ブラック （お気楽に）要は、やりようによっては適当に何とかなるって感じか。

1号 でもさ、J.ドラゴン社長のやっている文房具製造販売会社なんかは、先日、大規模な投資をして販売管理システムを構築したばかりだよ。社長は、「この販売管理システムがあれば、商品を出荷したら自動的に売上が計上できる」なんて自慢してたけど、それも無駄になるっていうのか？

2号 状況によっては販売管理システムも再構築が必要でしょうね。

ただ、売上を検収基準ベースの金額に変えるのは、出荷基準で計算された売上金額から未検収の金額を控除することでもちゃんと計算できますから、何も販売管理システムを変える必要が必ずしもあるわけではありません。

ブラック　（お気楽に）要は、やりようによっては適当に何とかなるって感じか。

1号　まいったな……。

3号　他にもまだ、まいったことあるんですか？

1号　H. ゴンザレス社長がやっているバイク製造販売会社は、毎年、決算になるととりあえず出荷しろとか言って、客先が決まっていないのに、トラックに商品を積んで街中走っているんだ。それで出荷基準だからとか言って売上を計上しているんだよ。

　　つまり、検収はお客さんの都合だけど、出荷はこっちでコントロールできるから、売上立て放題だって、ゴンザレス社長が自慢げに言っていたけど、その手も使えなくなるってことだな。かわいそうに。

ブラック　それは残念ですね。ゴンザレス社長の会社に IFRS が適用されないことを祈りましょう。

4号　ソレヲイッパンテキニハ粉飾ッテイウンダゾ。ゴンザレスニモ言ットケヨ。

1号　わかりました。

3号　でも、よくよく聞いてみると、IFRS の売上計上基準のほうが正しいような気がするんですが、日本ではなぜ多くの企業が出荷基準を採用していたんですかね？

2号　まず、商慣習として出荷から検収までの期間が短いことを前提としていたことがあげられるね。さらに、未検収の商品は毎年あるだろうから、去年の金額と今年の金額が結局、プラマイ行って来いになって、実質的に金額的影響はないと考えられることも理由だろうね。

1号 出荷基準よ、さようなら（がっくり）。

2号 ただ、誤解しているようですが、全面的に出荷基準が消えてなくなるわけではないですよ。

　IFRS の導入により出荷基準が適用できなくなるかもしれないという話を聞いて、動揺する 1 号さんみたいな人のために、金融庁が『国際会計基準（IFRS）に関する誤解』を平成 22 年 4 月に公表しまして、その中で、「売上の計上にあたり、IFRS を導入すると出荷基準が使えなくなり、期末はすべての着荷や検収の確認をしなければならないのか。」という疑問に対して、「現在の日本基準は実現主義であり、現在の IFRS の収益認識基準（リスクと便益の買主への移転）に照らし合わせても、ほぼ同様の結果となることが多い。例えば、取引の形態によっては、着荷や検収の事実を一々確認しなくても、出荷の事実をベースに、配送に要する期間等を考慮して、合理的にリスクと便益の移転が認められる場合、その時点で売上の計上ができる場合がある。いずれにせよ、プリンシプルに照らして、個々具体的な事例に即して適切に判断することになる。」と言っています。

　ですから、取引状況によって、出荷基準が絶滅するわけではないようです。

3号 あと、未検収の商品は毎年ありますから、前期の未検収の商品と今期の未検収の商品が同程度の金額なら、結局、プラマイ行って来いになって、実質的に金額的影響はありませんよね？

　ですから、業績的な影響は、IFRS の適用初年度だけと考えてもいいでしょうね。

2号 いずれにしても、現在、出荷基準で売上を計上している製造企業、卸売企業、物流企業なんかの関与先は、IFRS が適用されると大きな影響を受けるかもしれませんので、注意が必要ですね。

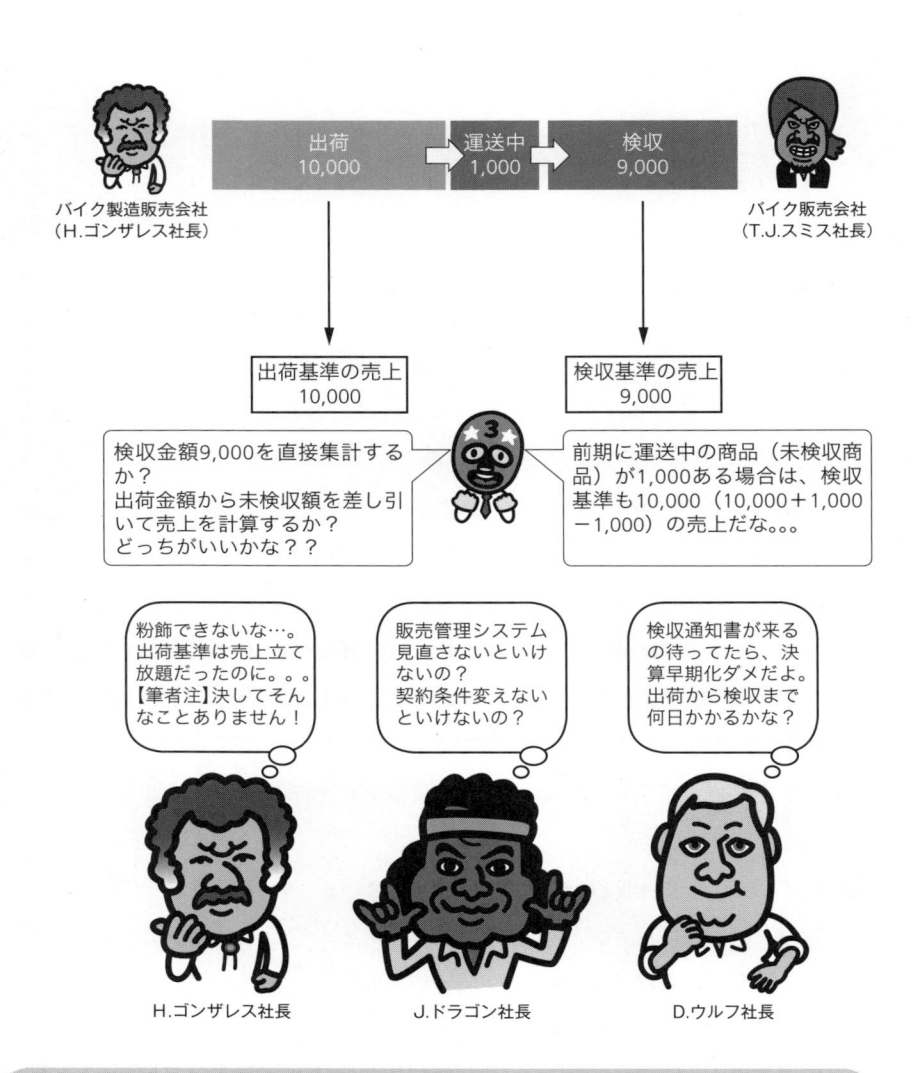

```
バイク製造販売会社                出荷        運送中      検収         バイク販売会社
（H.ゴンザレス社長）              10,000      1,000      9,000       （T.J.スミス社長）
```

出荷基準の売上　10,000

検収基準の売上　9,000

検収金額9,000を直接集計するか？
出荷金額から未検収額を差し引いて売上を計算するか？
どっちがいいかな？？

前期に運送中の商品（未検収商品）が1,000ある場合は、検収基準も10,000（10,000＋1,000－1,000）の売上だな。。。

粉飾できないな…。出荷基準は売上立て放題だったのに。。。
【筆者注】決してそんなことありません！

販売管理システム見直さないといけないの？
契約条件変えないといけないの？

検収通知書が来るの待ってたら、決算早期化ダメだよ。
出荷から検収まで何日かかるかな？

H.ゴンザレス社長　　　J.ドラゴン社長　　　D.ウルフ社長

2　ガソリンや酒類を製造販売する会社
〜ガソリン税、酒税部分の売上が純額表示で計上できない？〜

2号　次に、IAS第18号「収益」第8項の中で、「収益は、企業が自己の計算により受領したか又は受領し得る経済的便益の総流入だけを含む。売上税、物品税及びサービス税、並びに付加価値税といった第三者のために

回収した金額は、企業に流入する経済的便益ではなく、持分の増加をもたらさない。それゆえ、それらは収益から除外される。」といったことを定めています（IASC 財団編『国際財務報告基準（IFRS）2010』中央経済社、2010年）。

ブラック　これがどうしたって言うんですか？

2号　具体的には、ガソリンや酒類を製造販売する会社は、揮発油や酒類を製造場から移出又は保税地域から引き取った時点で揮発油税や酒税の納付義務を負っていて、その後の販売活動によりそれらの税金を回収しています。

そして、現在、ガソリンや酒類を製造販売する会社は、ガソリン税や酒税相当額を売上高及び売上原価のそれぞれに含めて表示しているのが一般的です。

これがIFRSの売上計上基準によると、ガソリン税や酒税相当額は、売上高及び売上原価のいずれにも含めずに計上しないということになります。

3号　なるほど。ガソリン税や酒税は、ガソリンや酒類を製造販売する会社が徴収代行をしているという理解ですね。ガソリン税や酒税相当額は一種の通過勘定で処理するようなイメージですね。

1号　僕の担当している関与先のうち、S. ヤマザキ社長の会社は、石油製品を精製・販売する石油元売企業です。

3号　私が担当している関与先のうち、B. マッコイ社長の会社はビールメーカーです。

2号　いずれの関与先にもIFRSが適用された場合、現在、売上高及び売上原価に含めているガソリン税や酒税相当額を、売上高及び売上原価から除外することとなります。

3号　グロス処理からネット処理への変更ですね。

2号　このように売上を総額で表示する場合を総額表示、純額で表示する場合を純額表示と言います。

[S.ヤマザキ社長の石油元売会社]

	日本基準	組替	IFRS
売上	2,332,742	−464,408	1,868,334
製品製造原価	1,221,056		1,221,056
揮発油税	464,408	−464,408	0
売上原価	1,685,464		1,221,056
売上総利益	647,278	0	647,278

> IFRSで売上めちゃくちゃ減っちゃうじゃん！

> ははは（笑）ざまーみろヤマザキ！って、うちもじゃん！！

S.ヤマザキ社長　　　B.マッコイ社長

[B.マッコイ社長のビールメーカー]

	日本基準	組替	IFRS
売上	963,270	−401,638	561,632
製品製造原価	202,009		202,009
酒税	401,638	−401,638	0
売上原価	603,647		202,009
売上総利益	359,623	0	359,623

3 商社
～代理店的売上は手数料のみ純額表示～

2号　総額表示及び純額表示については、他に IAS 第 18 号「収益」第 8 項の中で、「代理の関係にある場合、経済的便益の総流入は、本人当事者のために回収した金額で企業の持分の増加をもたらさない金額を含んでいる。本人当事者のために回収した金額は収益ではない。その代わり、この場合には、手数料の額が収益となる。」といったことを定めています（IASC 財団編『国際財務報告基準（IFRS）2010』中央経済社、2010 年）。

ブラック　これがどうしたって言うんですか？

2号　商社は、国内外の企業間取引の中で、情報提供、事務代行、決済代

行及び信用補完などの様々な機能を発揮しています。そして、契約上、取引の当事者として行われる取引と代理人として行われる取引があります。

これらは、商社の意思によって決定されるわけではなく、取引当事者間にどのような役割が不足しているかによって異なるのが通常とのことです。

そして、商社においては、この果たした役割を総量で表すため、取引の当事者としての取引だけではなく、代理人としての取引についても総額で収益を表示している場合が少なくありません（以上『会計制度委員会研究報告第13号　我が国の収益認識に関する研究報告（中間報告）―IAS第18号「収益」に照らした考察―』を加工修正）。

しかし、IFRSでは、財貨の移転又は役務の提供に関する重要なリスクと経済価値にさらされておらず、実質的に代理人として行われた取引であると判断されるときには、手数料部分のみを収益として表示することになります。

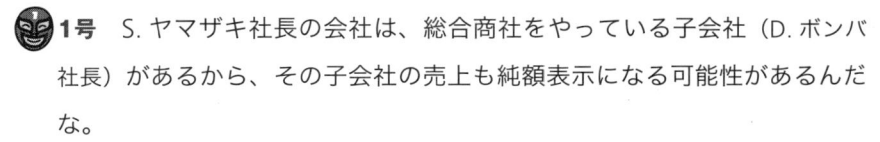

1号　S. ヤマザキ社長の会社は、総合商社をやっている子会社（D. ボンバ社長）があるから、その子会社の売上も純額表示になる可能性があるんだな。

4 百貨店、総合スーパー
～消化仕入は総額表示から純額表示へ～

2号　そのほかにも、百貨店や総合スーパーで行われている消化仕入という取引形態についても、IFRSが適用されると、売上の純額表示への変更が行われることとなりそうです。

ブラック　へっ？　どういうこと？

2号　つまり、百貨店や総合スーパーでは、テナントと商品売買契約を締結し、商品が顧客へ販売されると同時にテナントから商品を仕入れる、いわゆる消化仕入と呼ばれる取引形態があります。

このような取引形態の中には、百貨店や総合スーパーがテナントで販売

される商品の売買契約の当事者となっているものの、テナントのマーチャンダイジング（MD）業務を主体的に担っているとは判断しがたいときや、重要な在庫リスクを実質的に負担していないときがあります。

現在、百貨店や総合スーパーでは、このような消化取引について、商品販売高を総額で収益として表示している会社が少なくありません。

これがIFRSでは、消化仕入について、注文を執行する責任を実質的に負っているとは判断しがたく、個々の商品ごとの価格設定に裁量権を有している場合は少ないと考えられることに加え、在庫リスクを負担している場合もまれであることを踏まえて、手数料部分のみを収益として表示することになります（以上『会計制度委員会研究報告第13号　我が国の収益認識に関する研究報告（中間報告）―IAS第18号「収益」に照らした考察―』を加工修正）。

👹 **1号**　B.マッコイ社長の会社は、百貨店をやっている子会社（T.マディソン社長）があるから、その子会社の売上も純額表示になる可能性があるんだな。

オ〜ノ〜。IFRSで子会社（商社）の売上も減っちゃうの？

（親会社）
S.ヤマザキ社長

ははは（笑）ざまーみろ、ヤマザキ！

（親会社）
B.マッコイ社長

うち（商社）の売上は、ほとんど実質が代理店売上だよ。ヤマザキ社長に説明しないと…。

（子会社）
D.ボンバ社長

うち（百貨店）の消化仕入は在庫リスクを負わないからビジネス上はいいけど、会計上は売上計上できなくなるんだな。。。マッコイ社長にはだまっとこう。

（子会社）
T.マディソン社長

5 不動産賃貸会社
～空室リスクをともなわない転貸の売上は純額表示に～

2号 さらに、純額表示の対象になるものとして、不動産賃貸業を営む会社で行われている転貸リースがあります。

不動産賃貸業を営む会社は、転貸不動産に係る賃貸人に賃料を支払い、賃借人から賃料を受け取る転貸リースを行うことがあります。

この際、不動産業者が空室に係る賃料保証をするなど一定の空室リスクを負担している場合のほか、空室リスクを負担していない場合もあります。そして、空室リスクを負担していない場合であっても、その収益を総額で表示していることがあります。

これがIFRSでは、空室リスクを負担していない場合、賃貸物件の賃貸に関する重要なリスクにさらされていないと判断され、代理人としての行為として手数料相当額のみを収益として表示することになります（以上『会計制度委員会研究報告第13号　我が国の収益認識に関する研究報告（中間報告）―IAS第18号「収益」に照らした考察―』を加工修正）。

3号 私が担当しているT. グレゴリー社長の会社は、サブリースを行っている不動産賃貸会社だから、もし、この会社にIFRSが適用された場合は、売上減少要因となるな。早速、話をしておきます。

6 カスタマー・ロイヤリティ・プログラムを提供している会社
～ポイント分は販売時に売上計上できない？～

2号 あと、ポイント還元制度を提供している小売業も売上の計上処理が変わります。

具体的には、付与したポイント相当額の会計処理が変わります。

1号 えっ？　僕の担当しているB.B.ビンセント社長の会社は、家電量

販店でポイント還元をしていますよ。

3号　その会社では、付与したポイントについて、どういう会計処理をしていますか？

1号　今は、付与したポイントのうち、来期以降に使用されるポイントを過去の使用実績に基づいて見込計算して、そのポイントに相当する売上金額に対応する原価を見積もって、引当計上しています。

ポイント付与の会計処理〜ポイント引当金〜

- 当期において、お客さんにポイント200（＝200円）を付与した。
- B.B.ビンセント社長は、顧客に付与したポイント200のうち将来にわたって実際に交換されるポイントは180、それと交換される商品の原価は90と見積もった。
- 来期において実際に交換されたポイントは100であった。

この場合、ポイントと交換される商品を販管費として引当計上している。

[当期の会計処理]

借方		貸方	
販管理費	90	ポイント引当金	90

[来期の会計処理]

借方		貸方	
販管理費	50	ポイント引当金	50
ポイント引当金	50	販管理費	50

> ビンセント社長の会社は家電量販店ですが、こんな感じでポイントを会計処理しています。

3号　これがIFRSだと、どういう会計処理になるのでしょうか？

2号　IFRSの場合、付与したポイントに相当する金額を付与時の売上から減額し、その相手勘定として繰延収益を計上します。そして、ポイントを使用した時に、繰延収益を売上に振り替えるとともに、お客さんに引き渡した商品の原価を計上します。

> **IFRS流、ポイント付与の会計処理〜繰延収益〜**
>
> - 当期において、お客さんにポイント200（＝200円）を付与した。
> - B.B.ビンセント社長は、顧客に付与したポイント200のうち将来にわたって実際に交換されるポイントは180、それと交換される商品の原価は90と見積もった。
> - 来期において実際に交換されたポイントは100であった。
>
> この場合、ポイントに相当する売上を繰延収益として将来のポイント使用時まで繰延べる。
>
> ［当期の会計処理］
>
> | 借方 | | 貸方 | |
> |---|---|---|---|
> | 売上 | 200 | 繰延収益 | 200 |
>
> ［来期の会計処理］
>
> | 借方 | | 貸方 | |
> |---|---|---|---|
> | 繰延収益※ | 111 | 売上 | 111 |
> | 売上原価 | 50 | 商品 | 50 |
>
> ※　200×100／180

> えっ!?
> IFRSだと、こんな会計処理になるんだ！

3号　家電量販店以外に、どういう関与先に影響がありますか？

2号　カスタマー・ロイヤリティ・プログラムを採用している企業ですから、ポイントカード制度を採用している百貨店やスーパー、クレジットカード会社はもちろん、あとは、マイレージ制度を採用している航空会社なんかも対象になるかもしれません。

　ただし、今流行りの他の加盟店でも利用できるようなポイント制度（共通ポイント）の場合は、加盟店は、付与したポイントに相当する資金を運営会社に拠出する（行使時には運営会社から使用したポイントに相当する資金が入金される）ケースもありますから、その場合は、会計処理が異なる可能性もあるでしょうね。

7 売上計上基準や純額表示に関するIFRS流の会計処理が、日本の企業会計基準として採用される!?

2号 実は、今まで話をした売上計上基準や純額表示に関するIFRS流の会計処理は、IFRSが日本に導入される前に、近い将来、コンバージェンスにより日本の企業会計基準として採用される可能性が高くなっています。

1号 そうなの？ S.ヤマザキ社長やB.マッコイ社長には、運命の日は早くても2017年以降って言っちゃったよ！

2号 具体的には、現在のIFRSの収益認識の会計基準であるIAS第18号「収益」やIASBがFASBと共同で収益認識に関する会計基準の見直しを行って、2010年6月に公表した公開草案「顧客との契約から生じる収益」を踏まえて、平成23年1月20日にASBJ（企業会計基準委員会）から「顧客との契約から生じる収益に関する論点の整理」が公表されました。

このコンバージェンスが完了すると、日本の企業会計基準にも、晴れて包括的な収益認識の会計基準が誕生するわけです。

3号 そして、上記の会計処理に変更されるわけですね。

8 建設工事、ソフトウェア制作を行う会社
〜再び工事完成基準へ戻すのか？〜

2号 実は言いにくいことがありまして……。

1号 何、なに？

2号 誤解しないでほしいのですが、現在、IASBは、収益認識の会計基準の見直しをしています。

3号 つまり、今まで説明してくれたIFRSの収益認識の会計処理が変更される可能性があるってことですね？

2号 今まで説明した会計処理については、変更の可能性はほとんどない

のですが、工事契約やソフトウェアの受注制作に適用される工事進行基準の適用要件が見直される可能性が高いと言われています。

　この見直しの議論の当初は、工事進行基準は、現行の IFRS の収益認識の重要な要件である「物品の所有にともなう重要なリスク及び経済価値を企業が買い手に移転したこと」を満たしていないということで、工事完成基準に統一されるのではないかと言われていました。

　ただ、現在の議論では、工事進行基準を採用する判断基準を別途定めることになるそうで、すべてを工事完成基準にするわけではなさそうです。

1号　え〜！　俺の関与先である(株)ゴリラ建設で、2009年に日本でも「工事契約に関する会計基準」が適用されるからって、ほとんどの建設工事を工事完成基準から工事進行基準に変えてもらうように、頑固なK.ゴリラ社長をやっとの思いで説得したのに、また、工事完成基準に変わる可能性があるってこと？

2号　すべての建設工事ではありませんが、少なからずその可能性があるってことですね。

1号　そんなことになったら、ゴリラ社長に関節技くらっちゃうよ。どうしてくれるんだ！

3号　やっぱり、コンバージェンスだと新しい会計基準の導入や改訂のタイミングが遅れるっていう問題があるんですね。

　そういう意味でも、アドプション（≒ナマの生きのいい IFRS をそのまま原文どおりリアルタイムで適用すること）というのは重要なんですね。

2号　そうです！（ナイスフォロー！）

9　不動産賃貸会社
〜賃貸用不動産は時価評価できる〜

2号　ところで、先ほどサブリースで話の出たT.グレゴリー社長の不動産賃貸会社は、自社所有の賃貸用不動産は所有しているのですか？

3号 はい。渋谷松濤の一等地にオフィスビルを所有しています。また、お台場の高層マンションを賃貸しているほか、ホテルやゴルフ場などを運営会社に賃貸しています。また、売却を目的とした投資用の不動産も所有しています。それが何か？

2号 このような賃貸用不動産や投資用不動産（以下「賃貸等不動産」）の含み損益をどのように会計処理するかについて、日本の企業会計基準とIFRSは取扱いが違います。

具体的には、賃貸等不動産の評価と含み損益の処理について、日本の企業会計基準では、BS計上額は帳簿価額で評価を行い、含み損益はPLに計上されず、帳簿価額、時価、含み損益を注記しています。

一方、IFRSでは、日本の企業会計基準と同様に賃貸等不動産を帳簿価額で評価し、含み損益を注記する方法（原価モデル）と賃貸等不動産を時価で評価し、含み損益をPLに計上する方法（公正価値モデル）のいずれかを選択することができます。

3号 つまり、グレゴリー社長の不動産賃貸会社で所有するオフィスビル、マンション、ゴルフ場、ホテルなどの賃貸等不動産の時価が上昇すれば、その含み益を損益計算書の利益に計上することができるんだな。

10 研究開発を行っている会社
～研究費は費用計上、開発費は資産計上～

2号 うちの事務所の関与先で、経常的な研究開発を行っている会社はありますか？

1号 俺の担当しているH. イワノビッチ社長のやっている製薬会社はまさに研究開発の宝庫だよ。

3号 私の担当しているA. ダグラス社長のやっている電機メーカーなんかも電機機器の開発を日夜行っています。

1号 そんな会社もIFRSで何か変わりそうなの？

2号 IFRSでは、研究開発費の会計処理が変わります。

日本の企業会計基準では、研究開発費は一括費用計上ですよね。でも、IFRSでは、研究費は費用計上、開発費は完成可能性及び収益獲得能力又は費用削減効果のあるものは資産計上になります。

3号 研究費と開発費の区分が、実務上厄介な問題ですね。

2号 ちなみに、この研究開発費を含めた無形資産の会計処理については、日本でもIFRSのIAS第38号「無形資産」をコンバージェンスする予定で、平成21年12月18日にASBJ（企業会計基準委員会）が「無形資産に関する論点の整理」を公表しているから、IFRSの導入前に研究開発費の会計処理が変わる可能性が高いでしょう。

ブラック （なんか、よくよく聞いていると、日本の企業会計基準はIFRSにどんどんコンバージェンスされるから、いよいよIFRS導入となっても、すでに業績への影響はなくなってるんじゃないか？ オイラたちだまされていないか？）

《研究開発活動》

	研究局面（研究費）	開発局面（開発費）
区分定義	研究とは、新規の科学的又は技術的な知識及び理解を得る目的で実施される基礎的及び計画的調査を言う。	開発とは、商業ベースの生産又は使用の開始前における、新規の又は大幅に改良された材料、装置、製品、工程、システム又はサービスによる生産のための計画又は設計への、研究成果又は他の知識の応用を言う。
具体例	研究活動の例として、次のものがあげられる。 (a) 新知識の入手を目的とする活動 (b) 研究成果又は他の知識の応用の調査、評価及び最終選択 (c) 材料、装置、製品、工程、システム又はサービスに関する代替的手法の調査	開発活動の例として、次のものがあげられる。 (a) 生産又は使用する以前の、試作品及びモデルに関する設計、建設及びテスト (b) 新規の技術を含む、工具、治具、鋳型及び金型の設計 (c) 商業生産を行うには十分な採算性のない規模での、実験工場の設計、建設及び操業

		(d) 新規の又は改良された材料、装置、製品、工程、システム又はサービスに関する有望な代替的手法等について定式化、設計、評価及び最終的選択	(d) 新規の又は改良された材料、装置、製品、工程、システム又はサービスに関して選択した、代替的手法等についての設計、建設及びテスト
会計処理	費用処理		下記要件を満たすもの：資産計上 下記要件を満たさないもの：費用計上
資産計上の要件	なし		① 使用又は売却できるように無形資産を完成させることの技術上の実行可能性 ② 無形資産を完成させ、さらにそれを使用又は売却するという企業の意図 ③ 無形資産を使用又は売却できる能力 ④ 無形資産が蓋然性の高い将来の経済的便益を創出する方法。とりわけ企業は、無形資産による産出物又は無形資産それ自体の市場の存在、あるいは、無形資産を内部で使用する予定である場合には、無形資産が企業の事業に役立つことを立証しなければならない。 ⑤ 無形資産の開発を完成させ、さらにそれを使用又は売却するために必要となる、適切な技術上、財務上及びその他の資源の利用可能性 ⑥ 開発期間中の無形資産に起因する支出を、信頼性をもって測定できる能力

［出所］IAS 第 38 号「無形資産」を加工修正（『国際財務報告基準（IFRS）2010』中央経済社、2010 年）。

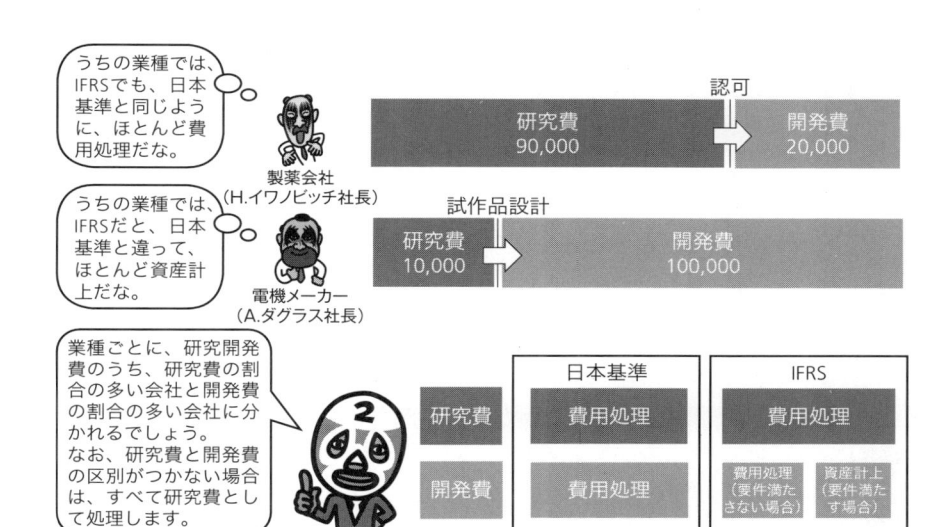

製薬会社（H.イワノビッチ社長）: うちの業種では、IFRSでも、日本基準と同じように、ほとんど費用処理だな。

認可
研究費 90,000 → 開発費 20,000

電機メーカー（A.ダグラス社長）: うちの業種では、IFRSだと、日本基準と違って、ほとんど資産計上だな。

試作品設計
研究費 10,000 → 開発費 100,000

業種ごとに、研究開発費のうち、研究費の割合の多い会社と開発費の割合の多い会社に分かれるでしょう。
なお、研究費と開発費の区別がつかない場合は、すべて研究費として処理します。

	日本基準	IFRS
研究費	費用処理	費用処理
開発費	費用処理	費用処理（要件満たさない場合） / 資産計上（要件満たす場合）

11 減価償却資産が多い会社
～IFRS流の減価償却 VS 税法基準～

2号　うちのお客さんで、減価償却資産が多額な会社や件数の多い会社はどこですか？

1号　う～ん。結構あるね。今まで出てきた会社でも石油元売会社、ビールメーカー、電機メーカー、洋服製造販売会社、百貨店、家電量販店なんてところは設備投資が大きいから、減価償却資産が金額も件数もたくさんあるよ。

あとは、D.キム社長のとこの飲食店は、300件以上の店舗があるから固定資産台帳の管理が毎回大変なことになっているよ。それが何か？

2号　私が、IFRSが導入されることによる影響をあえて2つだけに絞るなら、売上計上基準の変更と、固定資産の減価償却方法の変更をあげさせていただきます。

3号　つまり、IFRSで定める減価償却方法は、日本の企業会計基準と大き

く違っているってことですか？

2号 そうです。日本の企業会計基準では、実務上、法人税法で定める減価償却方法を採用している企業がほとんどです。

具体的には、法人税法で定める法定耐用年数や残存価額、そして、建物以外は、税務上のメリットの大きい定率法を採用しています。

1号 たしかに、うちの関与先のほとんどがそうだよ。

3号 つまり、日本には減価償却に関する会計基準があってないようなものということですね。そして、法人税法で定める減価償却方法に従っている限り、申告調整も生じませんから、事務負担も減りますし。

1号 それが、IFRSだとどう変わるの？

2号 減価償却費を計算する要素である耐用年数、残存価額、償却方法の選択方針が日本の企業会計基準（≒税法基準）と違っています。

1号 全部じゃん！

3号 具体的にはどう違うんですか？

2号 まず、耐用年数ですが、IFRSでは、企業によって資産が利用可能であると予想される期間を耐用年数とします。

具体的には、その固定資産は物理的に何年利用することが可能か？ということを見積もった期間になります。ただし、資産の処分予定など、その会社の使用見込期間も加味することとなります。

したがって、採用する耐用年数が、物理的な経済的耐用年数より短くなることもあります。

3号 具体的には、どうやって耐用年数を決めるんですか？

2号 実務上は、同種資産の過去の利用期間の実績や買い替えの設備投資計画を加味して耐用年数を決めていくことになるだろうね。

3号 そうすると、税務上の耐用年数よりも会計上の耐用年数が長い場合もあるということですか？

2号 そうです。確定決算主義を採用している法人税法を考慮すると、

IFRSを適用して個別財務諸表を作成している会社は償却不足額が発生して、IFRS適用によって税負担が増加するケースも十分あり得ます。

ただ、結果的にIFRSで見積もった耐用年数と法人税法の法定耐用年数が一致することだって十分想定されますので、注意してください(^-^)/

3号 残存価額はどうやって決めるんですか？

2号 残存価額も税法の残存価額0に縛られずに、耐用年数が経過したあとにいくらで処分できるのかを考えて決定することになります。

ただし、実務上は、IFRSでも多くの場合、残存価額0円にすると考えられます。

3号 償却方法はどうやって決めるんですか？

2号 IFRSで定める基本的な償却方法は、法人税法で定める償却方法と同様に定額法、定率法になります。

ただし、現在の日本の実務では、税務上のメリットをとるために当初の償却負担が大きい定率法を採用しているケースが多く、定率法と定額法の選択に理論的な根拠はないと言えます。

一方、IFRSでは、償却方法は、将来的な資産の経済的便益の消費パターンを反映したものを採用しなければならないとされています。

つまり、IFRSでは、税務メリットも関係なく、その固定資産の価値の減少を反映する償却方法を採用する必要があります。

3号 固定資産の価値の減少を反映する償却方法って、具体的にどうやって決めるんですか？

2号 例えば、最初に生産量（販売量）が極端に大きくなる製品を生産する機械設備については、最初に価値が大きく減少する定率法を採用し、生産量（販売量）が毎期安定するような定番製品を生産する機械設備については、価値の減少が毎期一定となる定額法を採用する、といったことも考えられます。

3号 巷では、定額法しか採用できないような話が出ているようですが、

誤解なんでしょうか？

2号 それは誤解です。金融庁も2010年4月に「国際会計基準（IFRS）に関する誤解」を公表して、IFRSでは、定率法と定額法との間に優劣はつけていないことを記載しています。

その固定資産の価値の減少が最初に大きく、後に少なくなる場合は、IFRSで採用すべき償却方法は、定率法ということになります。

3号 では、どうしてそのような誤解が生じたのですか？

2号 これは、そもそも固定資産の価値の減少の形態を証明するのが実務上困難である中で、固定資産の価値が低減していくことを前提とする定率法よりも、固定資産の価値が毎期一定で減少していくことを前提とする定額法のほうが固定資産の価値の減少と償却方法の選択の結びつきを証明しやすい、ということが1つの理由のようです。

実際に、同じ理由でIFRSを採用しているヨーロッパでは、定額法を採用している会社が多いようです。

1号 なるほど。定額法が一般化するというのは誤解だけど、根拠がないわけではないんだな。

2号 いずれにしても、税法に基づく償却は認められなくなりますから、減価償却とは何ぞや？　というのをイチから考えて、耐用年数や償却方法を選択しないといけません。

また、減価償却以外にも、取得価額に不動産取得税等を含めるとか、借入利子を入れる場合があるとか、多くの取扱いが日本の企業会計基準（≒税法基準）と違っているのがIFRSの特徴です。

1号 そうなのか…。大変なことになりそうだな。一部の会社なんかは、うちの事務所で固定資産台帳を作成しているからな。。。

《個別財務諸表の作成段階でIFRSを適用するケース》

確定決算主義による損金経理要件があるため、償却不足額が出た場合は、切り捨てられる！
　　⇒税務上のデメリット

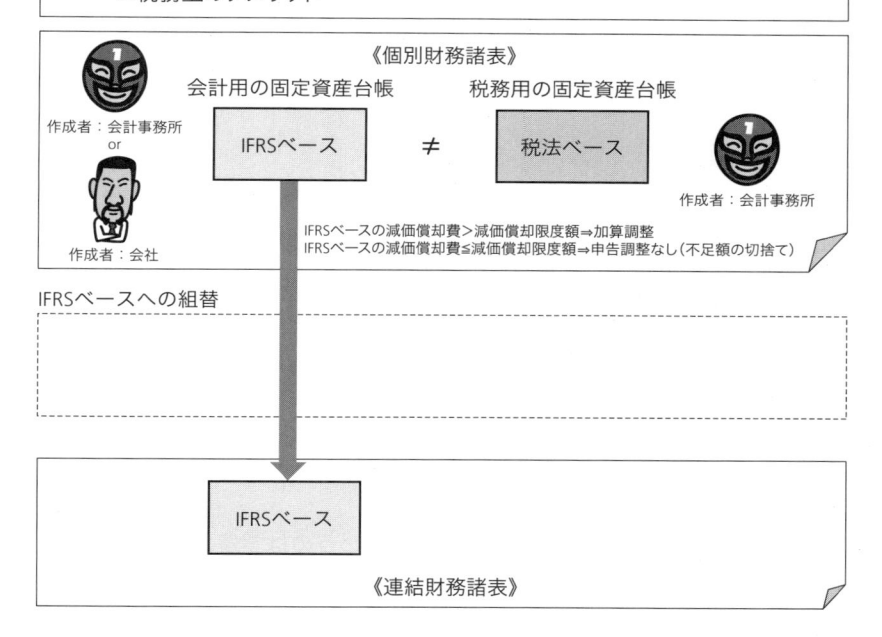

作成者：会計事務所
or
作成者：会社

《個別財務諸表》
会計用の固定資産台帳　　　税務用の固定資産台帳
IFRSベース　≠　税法ベース
作成者：会計事務所

IFRSベースの減価償却費＞減価償却限度額⇒加算調整
IFRSベースの減価償却費≦減価償却限度額⇒申告調整なし（不足額の切り捨て）

IFRSベースへの組替

IFRSベース

《連結財務諸表》

調査ファイル4
関与先の財務諸表にどういう影響があるの？

《個別財務諸表の作成段階では日本基準を適用するケース》

日本基準の場合、償却不足額は発生しにくいため、税務上のデメリットは生じない。

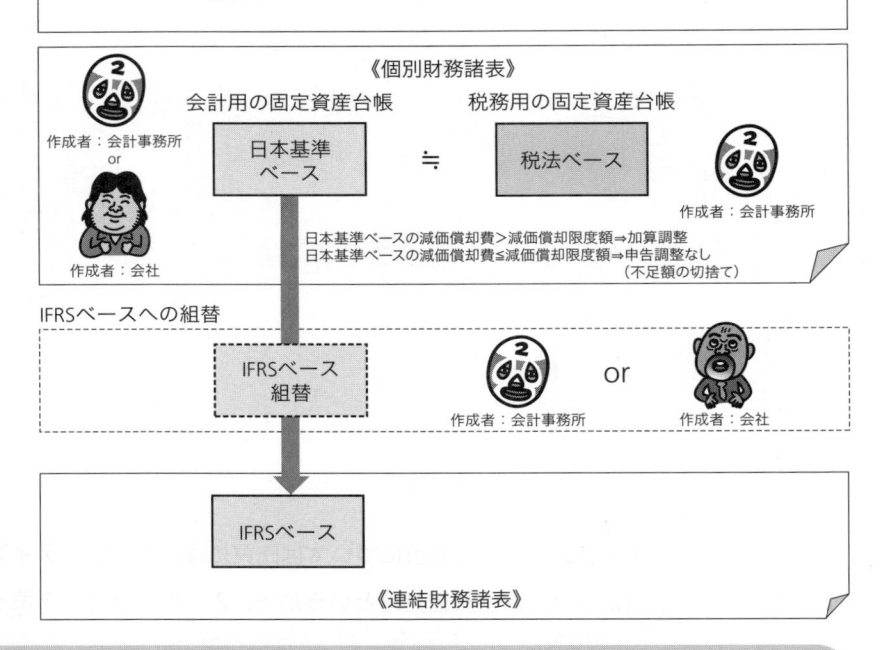

《個別財務諸表》

作成者：会計事務所 or 作成者：会社

会計用の固定資産台帳　　　　税務用の固定資産台帳

日本基準ベース ≒ 税法ベース

作成者：会計事務所

日本基準ベースの減価償却費＞減価償却限度額⇒加算調整
日本基準ベースの減価償却費≦減価償却限度額⇒申告調整なし
（不足額の切捨て）

IFRSベースへの組替

IFRSベース組替

作成者：会計事務所 or 作成者：会社

IFRSベース

《連結財務諸表》

12 オフバランスのリース資産が多い会社
～オペレーティング・リースもオンバランス？～

2号　突然ですが、リースの会計処理が今後変わるかもしれません。日本の企業会計基準は、平成20年にIFRSとのコンバージェンスが行われました。

1号　あの時は、日本全国で賃貸借処理が行われていた所有権移転外ファイナンス・リースについて、売買処理に変更する見直しだったね。

　リース業界を巻き込んで、リース会社やリースを受けている会社の反対もありながら、IFRSへのコンバージェンスを実現したんだっけ。

　そのリース会計基準が、再び見直されそうなの？

2号 そうなんです。実は、国際会計基準審議会（IASB）と米国財務会計基準審議会（FASB）は、リースに関する会計基準の見直しを共同で進めていて、2010年8月に、公開草案「リース」（以下「IASB及びFASBのED」）を公表しました。

それを受けて、日本でも平成22年12月27日にASBJ（企業会計基準委員会）から「リース会計に関する論点の整理」が公表されています。

この「リース会計に関する論点の整理」は、「IASB及びFASBのED」の考え方に基づいて作成されています。

3号 リース取引の会計処理の基本的な考え方が変わるんですか？

2号 現行の会計基準は、リース取引をファイナンス・リース取引とオペレーティング・リース取引に分類し、資産の所有にともなうリスクと経済的便益のほとんどすべてが実質的に借り手に移転している場合には、ファイナンス・リース取引、そうでない場合にはオペレーティング・リース取引としています。

また、ファイナンス・リース取引については売買処理、オペレーティング・リース取引については賃貸借処理という形で、2つの会計処理を使っています。

一方、現在、検討されている新リース会計基準は、借り手は、リース物件（原資産）を使用する権利とその対価を支払う義務に基づき資産と負債を認識し、会計処理することになっています。これを「使用権モデル」と言います。

この使用権モデルでは、借り手側は、ファイナンス・リース取引及びオペレーティング・リース取引に区別せず、すべてのリース取引を統一して単一の会計処理をすることになっています。

1号 使用権モデルの会計処理は？

2号 使用権モデルでは、リース取引開始日に、借り手は、貸借対照表上で次の資産と負債を認識することになります。

① 使用権資産（リース期間にわたって原資産を使用する権利を表す資産）

② リース料支払債務（原資産を使用する権利と交換にリース料を支払う義務を表す負債）

また、損益計算書上では、上記①に係る減価償却費や②に係る利息費用などを認識することになります。

3号 なるほど。根本的な考え方が違っていますね。

この使用権モデルの採用により、具体的には、どのようなリース取引の会計処理が違ってくるのでしょうか？

2号 特に大きく違ってくるのは、オペレーティング・リース取引です。

現在の会計基準では賃貸借処理になっていますが、使用権モデルにより、オペレーティング・リース取引についても、リースに係る資産や負債を認識し、減価償却費や利息費用などを認識することになります。

賃貸借処理の場合は、費用処理額は毎期一定でしたが、使用権モデルの場合は、最初に費用処理額が多くなります。

3号 実質的に、売買処理をするということですね。

1号 まいったな。R. スペンサー社長の航空会社は、前回のリース会計基準の改正時に、ほとんどの航空機を 15 年契約のオペレーティング・リースに契約変更したんだよ。賃貸借処理のほうがオフバランスになって、ROA がよく見えるからね。スペンサー社長、頑固だからなんて言うかな。

2号 （無視して）では、オペレーティング・リース取引について具体的な会計処理は、新旧比較で次のようになります。

《賃貸借処理 VS 使用権モデルの会計処理》

〈前提条件〉

(1) リース取引開始日 X1 年 4 月 1 日、決算日 3 月 31 日
(2) リース期間 5 年
(3) 原資産（機械設備）の経済的耐用年数 7 年
(4) リース期間に係る更新オプションや解約オプションはなく、残価保証もない。
(5) 年間リース料 5,000（決算日に後払い）。当初直接費用なし。
(6) リース料（総額）の現在価値 24,639
(7) 割引率は借り手の追加借入利子率 8% とする。
(8) 本リースは、現行基準によるとオペレーティング・リースに該当する。

1. 賃貸借処理（現行基準）

	X0年度	X1年度	X2年度	X3年度	X4年度	X5年度	計
支払リース料	—	5,000	5,000	5,000	5,000	5,000	25,000
費用合計	—	5,000	5,000	5,000	5,000	5,000	25,000

● リース取引開始日
　会計仕訳なし
● リース料支払い

支払リース料　　　　5,000　／　現預金　　　　　　5,000

2. 使用権モデル（新基準案）

〈リース料の現在価値の計算〉

	X0年度	X1年度	X2年度	X3年度	X4年度	X5年度	計
リース料	—	5,000	5,000	5,000	5,000	5,000	25,000
リース料の現在価値(*1)	19,964						

(*1) 借り手は、リース期間にわたるリース料を借り手の追加借入利子率 8% を用

いて現在価値に割り引く。

$$\frac{5,000}{(1+0.08)}+\frac{5,000}{(1+0.08)^2}+\cdots\cdots+\frac{5,000}{(1+0.08)^5}=19,964 千円$$

〈使用権モデルに基づく借り手の会計処理〉

	X0年度	X1年度	X2年度	X3年度	X4年度	X5年度	計
使用権資産(*2)	19,964	15,971	11,978	7,985	3,992	—	—
リース料支払債務(*3)	19,964	16,561	12,885	8,915	4,628	—	—
減価償却費(*4)	—	3,993	3,993	3,993	3,993	3,992	19,964
利息費用(*5)	—	1,597	1,324	1,030	713	372	5,036
費用合計	—	5,590	5,317	5,023	4,706	4,364	25,000

（*2）リース料の現在価値で計上する（当初直接費用はなし）。X1年度以降は、各期の減価償却費を控除した額で計上する。
（*3）リース料の現在価値で計上する。X1年度以降は、各期の元本返済額（年間リース料－利息費用）を控除した額で計上する。
（*4）使用権資産 19,964×1年／5年＝3,992（リース期間を耐用年数とし、残存価額をゼロとして定額法により計算）
（*5）各期のリース料支払債務の期首残高×割引率8％

● リース取引開始日

　使用権モデルに基づき、借り手はリース料の現在価値で使用権資産とリース料支払債務を認識する。

| 使用権資産 | 19,964 ／リース料支払債務 | 19,964 |

● リース料支払い

| リース料支払債務 | 3,403 ／現預金 | 5,000 |
| 支払利息 | 1,597 | |

● 決算処理

| 減価償却費 | 3,993 ／使用権資産 | 3,993 |

〈初年度末の費用処理額の比較〉

	資産計上額	負債計上額	費用処理額
賃貸借処理（現行基準）	0	0	5,000
使用権モデル（新基準案）	15,971	16,561	5,590
新基準案による差異	15,971 （資産増加）	16,561 （負債増加）	590 （費用増加）

13 給与が高くて有休日数が多い会社
〜有休をお金に換算する有給休暇引当金〜

2号 ところで、従業員を第一に考えて福利厚生が手厚いA.オリバー社長の会社は、有給休暇の付与も多くて、消化率も高いんですか？

1号 そうだね。あんなに従業員思いの社長はいないよ。昔はフォークで人を刺していたっていう話だけど、今じゃ見る影もないよ。それが何か？

2号 実は、IFRSでは、有給休暇を給与に換算した金額を引当金として計上する必要があるんです。

この有給休暇引当金の制度は、現在の日本の会計基準にはまったくない制度です。

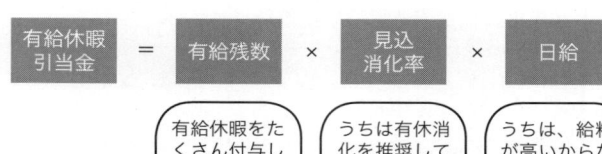

有給休暇引当金 = 有給残数 × 見込消化率 × 日給

（有給休暇をたくさん付与しているよ（自慢げに）。）

（うちは有休消化を推奨しているから消化率は高いぞ（自慢げに）。）

（うちは、給料が高いからな（自慢げに）。）

オリバー社長の会社は、有給休暇引当金の計上額が大きくなる条件揃っていますよ！
でも、影響は初年度だけかもな。
次年度以降は、使用と付与の日数がそんなに変わらないからな。

ITシステム会社
（A.オリバー社長）

おわりに

1号 ここまで長い道のりだったけど、次のことがわかったぞ。

① IFRSの会計処理は、日本の会計基準や税法基準と比較してどこが違って、関与先の業績にどう影響するのか？

② IFRSはどのような種類の関与先に、どういう形態で適用されるのか？

ブラック 我ながらよくやったよ。IFRSよ、数年後まで、さようなら！

3号 いや、これで終わりじゃないですよ。一番重要なことがこれからあります。

ブラック ？？

3号 つまり、IFRSの導入は、私たち税理士の業務にどういう影響を与えるのか？　ってことですよ！

ブラック （面倒くせ〜。）

（続く）

調査ファイル **5**

会計事務所の業務に どういう影響があるの？

はじめに

1号 最初は、IFRS なんてうちの事務所には関係ないって思ってたけど、なんだかんだ言って少しは関係あるんだな。

3号 他の会計事務所も、まったく関係ないってことはなさそうだね。

2号 1社でも上場会社の子会社があれば、思いっきり関係あるしね。

ブラック 関与先が中小企業だけの会計事務所の場合でも、税制改正や中小企業会計指針の見直しという形で IFRS が影響してくる可能性があるんだな。

2号 ということで、その会計事務所の関与先のタイプや会社規模によって IFRS への関与度合はまちまちだけど、今回の話を聞いてみて、IFRS が少しでも関係するかもって思った会計事務所は、自分たちの業務に、IFRS の導入がどう影響するのか？ を確認する必要がありますよね。

では、これから確認してみましょう。

えい、えい、えい、おー！

1 税務申告書の申告調整がより複雑に！
～会計と税務の乖離の把握がよりプロフェッショナル業務になる～

3号 IFRS が導入されることで、会計事務所の業務に一番影響するものは何ですか？

2号 それは、やはり申告業務です。

具体的には、IFRS を適用して個別財務諸表を作成する場合、会計と税務の乖離がより一層進むことになりますので、申告書の別表四で行われる申告調整がより複雑になるのは明らかです。

1号 例えば、さっき説明してくれた IFRS の会計処理の場合、申告調整はどうなるのかな？

2号 はい。あくまで、IFRS を適用して作成された個別財務諸表の当期純

利益を基礎に、課税所得を計算することを前提とします。

　まず、IFRSによって出荷基準から検収基準に売上計上基準を変更した場合の税務調整はどうなるのかですが、そもそも税法上の売上計上基準って、どうなってましたっけ？

3号　あまり意識したことないですが、会計上の売上計上基準と同じだと思います。具体的には、出荷基準、検収基準ですよね。

1号　条文上の根拠ってあったっけ？

3号　まず、法人税法基本通達2-1-1（棚卸資産の販売による収益の帰属の時期）で「棚卸資産の販売による収益の額は、その引渡しがあった日の属する事業年度の益金の額に算入する。」とされており、その引渡しの日については、法人税法基本通達2-1-2（棚卸資産の引渡しの日の判定）で「棚卸資産の引渡しの日がいつであるかについては、例えば出荷した日、相手方が検収した日、相手方において使用収益ができることとなった日、検針等により販売数量を確認した日等当該棚卸資産の種類及び性質、その販売に係る契約の内容等に応じその引渡しの日として合理的であると認められる日のうち法人が継続してその収益計上を行うこととしている日によるものとする。」とされています。

2号　やっぱり、会計と同じで、出荷基準、検収基準でいいよ、ということですね。

1号　そうすると、IFRSを適用したことにより出荷基準から検収基準に変更した場合でも、検収基準は、税務上の売上計上基準の1つだから税務調整は不要ということなのかな？

2号　ここで問題となるのは、法人税法基本通達2-1-2（棚卸資産の引渡しの日の判定）で引渡日について「法人が継続してその収益計上を行うこととしている日」としていることです。

3号　つまり、継続適用を条件にしているってことですね。売上計上基準を都合のいいようにコロコロ変えるなと。

2号 そうですね。ですので、最初から会計上、検収基準を採用している会社はIFRSにより検収基準が追認されるだけですから、税法上も過去から継続して検収基準を採用しているため、税務調整は不要になりますが、IFRSの適用を機に出荷基準から検収基準に変更した場合は、税法上の継続適用の条件を満たさないため、出荷済未検収分の売上を加算調整しないといけないかもしれませんね。

1号 かもしれない、っていうと？

2号 通達をそのまま読むと、加算調整する必要があると思いますが、そもそもIFRSの適用を契機とした売上計上基準の変更は、租税回避の意図がないことは明らかですし、検収基準自体は税法上も認めていますから、毎期未検収分がほぼ同額であることを前提とすると、税実務上、継続適用の例外として認めてもいいのではないかとも思うんですね。

3号 なるほど。いずれにしてもIFRS適用初年度は、売上計上基準の変更について検討が必要ですね。

あと、消費税については、税務上、出荷基準を採用している場合は、法人税法上の加算調整額を課税売上として処理する必要がありますよね。

2号 さらに、今後のIFRSの収益認識の会計基準の見直しにより、現在、工事進行基準で売上計上するような工事契約（ソフトウェアの受注制作を含む）を工事完成基準に変更する場合ですが、税務上は、①着手日から引渡期間が1年以上、②請負対価が10億円以上、③請負対価の2分の1以上が引渡日から1年経過日後に支払われるものでないこと、の3つの要件を満たす工事契約については工事進行基準が強制適用されるため、会計は工事完成基準、税務は工事進行基準という工事契約が増加することが考えられます。

その場合、工事完成基準と工事進行基準の売上の差額を申告調整する必要が生じますね。

3号 売上表示基準の変更は、何か税務調整は生じますか？

2号 売上の表示方法を総額主義から純額主義に変更した場合は、売上と売上原価が相殺されるだけで、売上総利益の額は変わりませんから、税務上の調整も生じないと考えていいのでしょうね。

3号 資産計上された開発費はどうなりますか？

2号 開発費は損金経理要件もなく一括費用処理、というのが税務上の取扱いですので、IFRSの適用により会計上、資産計上された開発費については、税務上、減算調整することになると考えらえます。

ただし、このような会計上、資産計上、税務上、費用計上の取扱いについては、会計上の取扱いのほうが税負担が増加することからも、税制改正により会計と税務を一致させやすいことも事実です。

ですから、コンバージェンスにより、日本の企業会計基準でも開発費が資産計上となった場合は、実務上の事務負担の影響を考慮して、会計上の取扱いに合わせて税制改正が行われることも十分考えられます。

3号 ポイントの税務上の取扱いはどうなりますか？

2号 IFRSの場合は、ポイント相当額の売上が、繰延収益として繰り延べられますが、税務上は、ポイント使用時にポイント相当額の売上に対応する原価を損金処理することになりますから、繰延収益は付与時に加算調整することになって、ポイント使用時に減算認容の処理を行うことになるでしょう。

1号 減価償却はどうなっちゃうの？

2号 IFRSは税法による減価償却と無関係になりますから、この税務調整が一番厄介な論点になるかもしれません。

まず、IFRSの固定資産台帳と税務の固定資産台帳により、IFRSの減価償却費が減価償却限度額を超える場合は加算調整になりますね。そして、減価償却不足額が発生する場合や除却する場合に減算認容になります。

一方、IFRSでは、定率法から定額法に変更することも多いと言われていますので、法定償却方法を定率法のままにした場合は償却不足額が発生

します。また、IFRSの耐用年数は法定耐用年数より長いことも多いため、この点でも償却不足額が発生します。

　そして、減価償却費は、確定決算主義による損金経理要件であり、償却不足額が発生する場合は、償却不足額を繰り越して翌期以降の限度超過額と相殺することができないため、償却不足額の申告調整は生じないこととなります。

1号　というと、IFRSの適用により減価償却負担が減少し、税負担が増加するケースも増える可能性がある、というわけか？

2号　そうですね。ですから、IFRSの適用が、法人税法において、確定決算主義や損金経理要件を見直そうという契機になる可能性もあると言われています。

3号　あるいは、個別財務諸表は相変わらず、日本の企業会計基準を適用して、そこで認められている税法基準で処理する、ということも1つですね。

2号　ただ、日本の企業会計基準がコンバージェンスされてしまった場合は、結局、IFRS適用と同じように償却不足額による税負担増加になりますね。

3号　現在、IFRSで見直されているオペレーティング・リース取引を使用権モデルによって処理した場合は、オペレーティング・リース取引は売買処理になりますよね？　そうなると、税法はどうなりますか？

2号　現行税法では、オペレーティング・リース取引は賃貸借処理になっているから、IFRSによる費用処理額である減価償却費と支払利息の合計額が、支払リース料を超過する場合は、その超過額を加算調整することになるでしょうね。

　リース取引については、過去、リース会計基準の見直し時に会計処理に合わせる税制改正が行われていますから、オペレーティング・リース取引を資産計上するような税制改正があってもおかしくないですね。

3号 有給休暇引当金は、当然加算調整になりますよね？

2号 毎期残高を洗い替えで加算調整するんでしょうね。

1号 賃貸不動産を時価評価した場合は？　その評価損益は加算、減算調整だよな？

2号 そうなるでしょうね。

3号 いずれにしても、IFRSのアドプションやコンバージェンスによって、税務調整がより複雑になることは明らかですね。そして、一部が税制改正につながっていくことになりそうです。

2号 IFRS導入により、会計と税務の乖離が一層激しくなって、税務申告書の作成業務がより高度になるでしょう。

3号 会計事務所の腕の見せ所ですね！

ブラック　じゃあ、最後に、今まで解説してくれたIFRSによる税務調整を簡単にまとめてください。（今まで寝てたので。）

2号　了解しました！

項目	IFRS	税法	税務調整
売上計上基準	検収基準	法人が継続して引渡日としてその収益計上を行うこととしている日に売上計上	法人税基本通達2-1-2の継続適用に反しない限り検収基準も認められるため、税務調整は不要となる。当該通達の継続適用に反する場合は、従来から出荷基準を採用している場合、税法上、出荷基準となるため、出荷済未検収分を加算調整。検収時（基本的には翌期）に減算調整。なお、消費税も加算調整額を課税売上として処理する。
	工事完成基準	税法上の一定の要件を満たすものは工事進行基準	工事完成基準と工事進行基準の売上の差額を加減算調整。
売上表示基準	純額主義	—	税務調整は生じない。
開発費	資産計上	費用計上	損金経理が要件とされていないため、減算処理。

ポイント	付与時にポイント相当額を繰延収益に計上（売上控除）。行使時に売上及び原価計上。	付与時は税務処理しない。行使時に原価相当額を費用計上。	付与時に繰延収益は加算調整。行使時に減算認容。
減価償却費	価値の減少を反映した償却方法、経済的使用年数による耐用年数、将来見込額による残存価額で減価償却費を計算する。	法人税法で定められた償却方法、耐用年数、残存価額により減価償却費を計算する。	確定決算主義による損金経理要件があるため、限度超過額は加算調整（償却不足額が発生した時又は除却時に認容処理）、償却不足額は申告調整しない（不足額の繰越しはない）。
オペレーティング・リース取引	売買処理（資産計上）	賃貸借処理	会計上の減価償却費及び支払利息と税務上の支払リース料との差額を申告調整。
有給休暇	引当計上	税務処理なし	引当額を加算調整。
賃貸等不動産	時価評価	簿価評価	損益計算書に計上した評価損益を加減算調整。実際に売却等した場合のみ認容処理。

3号 ちなみに、今していただいた説明は、IFRS を適用して個別財務諸表を作成した場合ですよね？

個別財務諸表は日本の企業会計基準で作成して、連結上、IFRS ベースに組み替える場合は、税務調整はどうなりますか？

2号 この場合は、申告書は、日本の企業会計基準を適用して作成された個別財務諸表により申告調整されますから、従来どおり、日本の企業会計基準と税法基準の乖離を加算、減算調整することになります。

そして、連結財務諸表において個別財務諸表を IFRS ベースに組み替える際に、会計と税務の乖離が発生しますが、これは税効果会計の対象になって、繰延税金資産及び法人税等調整額で対応する税金を調整することとなります。

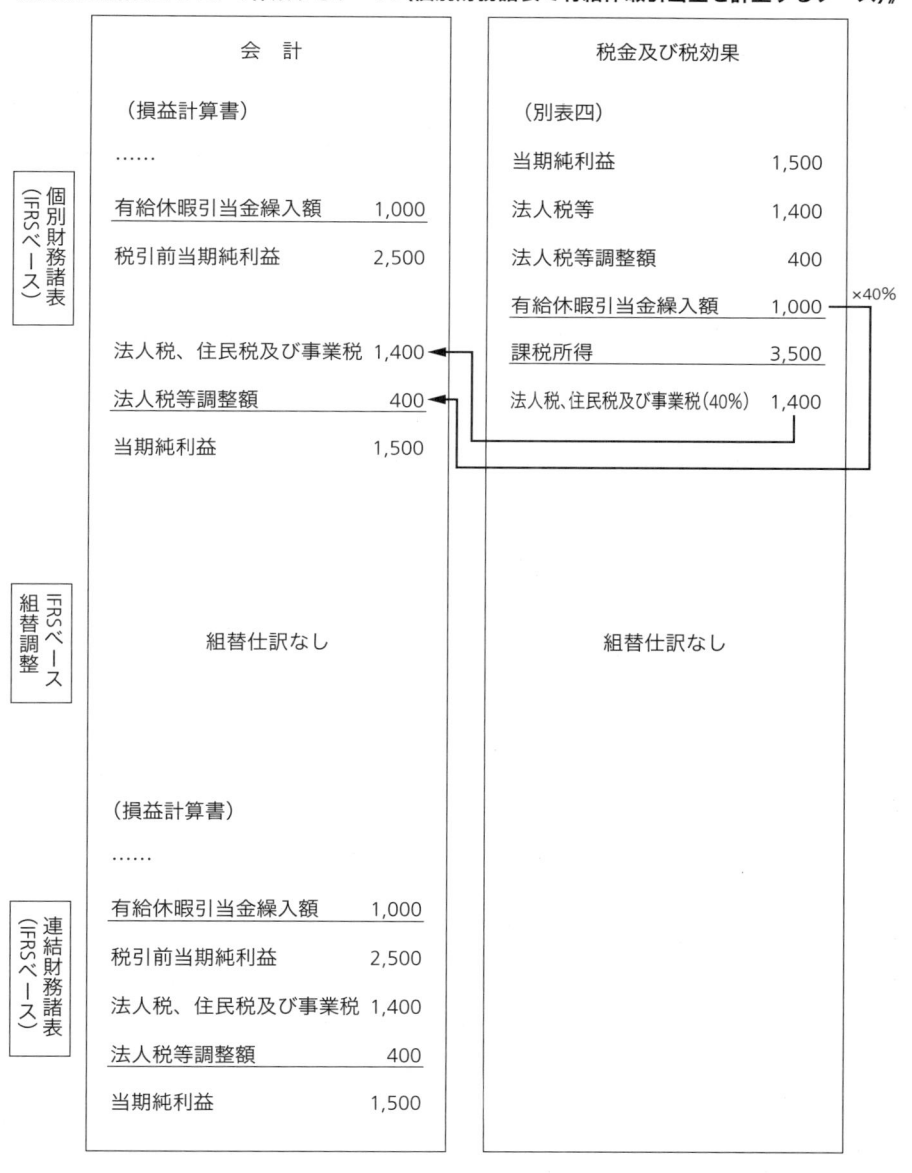

《個別財務諸表をIFRSで作成するケース(個別財務諸表で有給休暇引当金を計上するケース)》

個別財務諸表(IFRSベース)

会　計

(損益計算書)

……

有給休暇引当金繰入額	1,000
税引前当期純利益	2,500
法人税、住民税及び事業税	1,400
法人税等調整額	400
当期純利益	1,500

税金及び税効果

(別表四)

当期純利益	1,500
法人税等	1,400
法人税等調整額	400
有給休暇引当金繰入額	1,000
課税所得	3,500
法人税、住民税及び事業税(40%)	1,400

×40%

IFRSベース組替調整

組替仕訳なし

組替仕訳なし

連結財務諸表(IFRSベース)

(損益計算書)

……

有給休暇引当金繰入額	1,000
税引前当期純利益	2,500
法人税、住民税及び事業税	1,400
法人税等調整額	400
当期純利益	1,500

《個別財務諸表を日本基準で作成するケース（連結財務諸表で有給休暇引当金を計上するケース）》

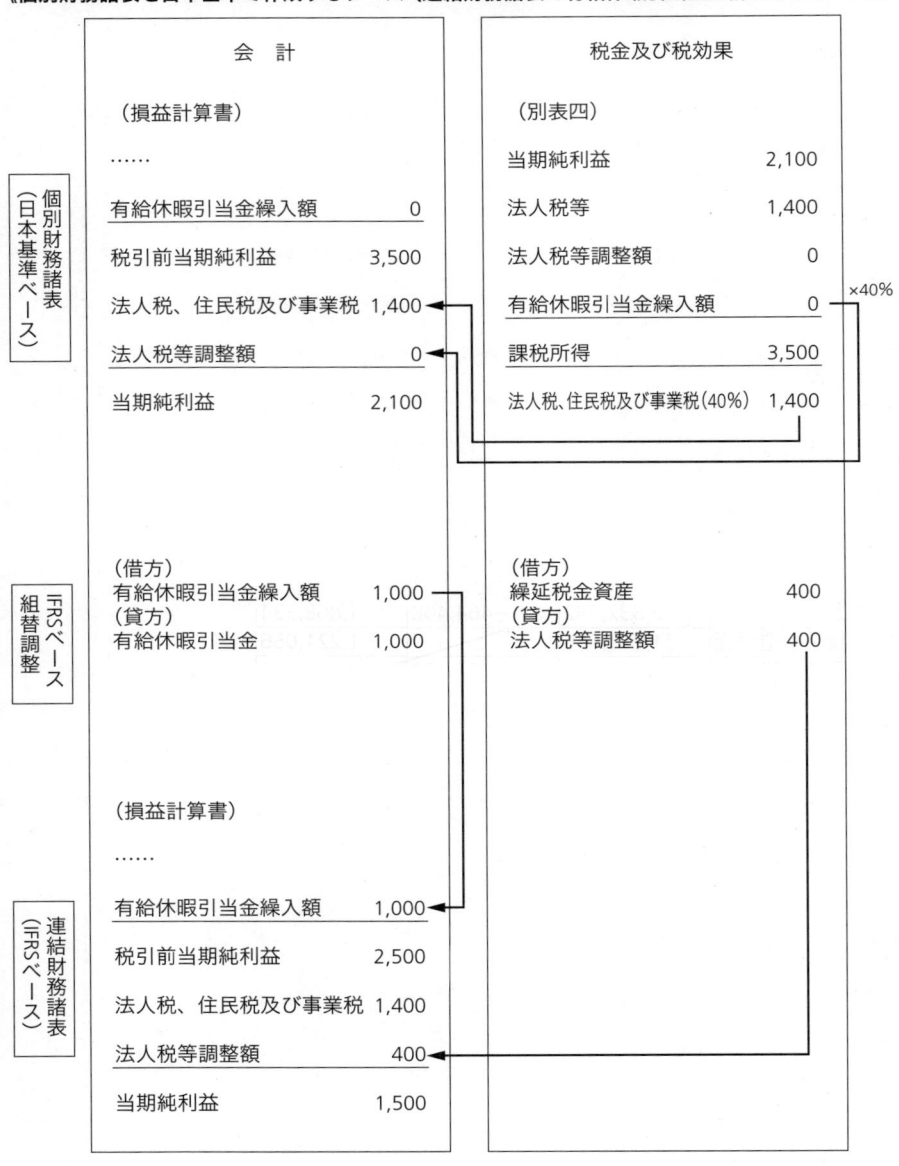

	会　計	税金及び税効果
個別財務諸表（日本基準ベース）	（損益計算書） …… 有給休暇引当金繰入額　　0 税引前当期純利益　　3,500 法人税、住民税及び事業税　1,400 法人税等調整額　　0 当期純利益　　2,100	（別表四） 当期純利益　　2,100 法人税等　　1,400 法人税等調整額　　0 有給休暇引当金繰入額　　0　×40% 課税所得　　3,500 法人税、住民税及び事業税(40%)　1,400
IFRSベース組替調整	（借方） 有給休暇引当金繰入額　　1,000 （貸方） 有給休暇引当金　　1,000	（借方） 繰延税金資産　　400 （貸方） 法人税等調整額　　400
連結財務諸表（IFRSベース）	（損益計算書） …… 有給休暇引当金繰入額　　1,000 税引前当期純利益　　2,500 法人税、住民税及び事業税　1,400 法人税等調整額　　400 当期純利益　　1,500	

2 総額表示から純額表示で消費税の課税売上が変わるのか？

1号 そういえば、売上が純額主義になった場合は、課税売上割合の計算は変わるのかな？

2号 いや、それは変わらないですね。IFRSによる売上の純額表示はあくまで、表示だけの会計処理ですから。

つまり、あくまで、会社は酒税や揮発油税を含めた売却価額で販売して、その売却価額に対して消費税を徴収していますからね。やはり、課税売上は売上の総額になります。

3号 つまり、IFRSの売上の純額表示は課税売上割合には影響しないということですね。

[S.ヤマザキ社長の石油元売会社]

	日本基準	組替	IFRS
売上	2,332,742	−464,408	1,868,334
製品製造原価	1,221,056		1,221,056
揮発油税	464,408	−464,408	0
売上原価	1,685,464		1,221,056
売上総利益	647,278	0	647,278

[B.マッコイ社長のビールメーカー]

	日本基準	組替	IFRS
売上	963,270	−401,638	561,632
製品製造原価	202,009		202,009
酒税	401,638	−401,638	0
売上原価	603,647		202,009
売上総利益	359,623	0	359,623

課税売上（＝IFRSの純額表示は、課税売上割合に影響しない）

3 財務諸表の見方と記帳代行が変わる（その1）
～近い将来、財務諸表の様式が少し変わる!?～

2号 IFRSが関係している関与先の中で、うちの事務所が記帳代行をして

いる会社ってあるんですか？

1号 数社あるよ。いずれもそんなに大きくはないけど、上場会社の子会社の記帳代行をうちが受け持っているよ。それがどうかしたの？

2号 IFRSは会計処理だけではなく、財務諸表の様式も日本の伝統的な様式と違っています。

IFRSでは、IAS第1号「財務諸表の表示」で財務諸表の表示に関する事項が定められています。また、IFRS第5号「売却目的で保有する非流動資産及び非継続事業」で、非継続事業に関連する損益の損益計算書上の区分表示及び売却目的で保有する非流動資産及び処分グループの貸借対照表上の区分表示について定めています。

そして、それを踏まえて、IFRSとのコンバージェンスのために、ASB J（企業会計基準委員会）では、平成21年7月10日に「財務諸表の表示に関する論点の整理」を公表しています。

ですので、これから説明するIFRS流の財務諸表の様式もコンバージェンスとして、6年後のIFRSの導入前に入ってくる可能性が高いってことになります。

3号 2011年3月期の連結財務諸表から日本にも導入されている包括利益と包括利益計算書（「調査ファイル2」19参照）も、その流れの1つなんですか？

2号 そうです。

3号 具体的には、どういうところが違うんですか？

2号 まず、そもそも名称が違います！

ブラック え！　えええええ～!!　どえー！

2号 まず、貸借対照表は「財政状態計算書」、損益計算書は「包括利益計算書」になります。

そして、名称も違えば中身も違うってことで、中身でまず違うのは、IFRSでは、近い将来に処分又は廃止することが予定されている事業を非

継続事業として、非継続事業に関連する損益を継続事業に関連する損益と区分して表示することです。

また、非継続事業に帰属する資産については、売却目的保有の非流動資産として貸借対照表において区分表示することにしています。

3号 へぇ〜。これは、どういう目的があるんですか？

2号 これは、損益計算書上、非継続事業の損益を区分することにより、財務諸表利用者に対し、継続する事業についての将来キャッシュ・フローの予測に資する情報と、近い将来に予定されている事業の廃止が今後も継続する事業に与える影響についての情報とを提供することができると考えられるためです。

この非継続事業の区分表示については、「財務諸表の表示に関する論点の整理」において、「非継続事業に関連する損益を区分して表示することが、財務諸表利用者の将来キャッシュ・フローの予測に資する情報の改善に繋がるのであれば、今後、非継続事業に関連する損益の区分表示を我が国においても短期的に検討することが考えられる」とされており、ASBJ（企業会計基準委員会）では、2011年に公開草案を公表したいと考えているようです。

3号 つまり、コンバージェンスでIFRSの導入前に日本に入ってくるってことですね。

1号 財務諸表の様式の違いは、他にもあるの？

2号 はい。日本の様式と大きく違うのは、IFRSでは、包括利益計算書において、経常利益に相当する表示が行われていないことです。

ブラック え！　えええええ〜!!　どえー！

3号 日本の経営者の多くは、当期純利益ではなく、経常利益しか見ていないって言われるくらいメジャーな利益じゃないですか！　それがIFRSではないんですか!?

2号 そうです。IFRSでは経常損益の区分はありません。

ただし、この損益の表示区分については、現在休止中ですが、IASB（国際会計基準審議会）とFASB（米国会計基準審議会）の共同プロジェクトで財務諸表の一体性及び分解表示など財務諸表の大幅な見直しを検討していることから、ASBJ（企業会計基準委員会）では、IFRSの将来の見直しを見越して、コンバージェンスの中長期的な検討課題としています。

つまり、すぐには、日本において経常損益はなくならない、ということです。

現時点のIFRSとの財務諸表の様式の差については、以上ですが、参考に、金融庁から公表されている国際会計基準に基づく連結財務諸表の開示例を示します。これは、日本企業がIFRSを任意適用した場合の財務諸表の様式を示したものです。

〇〇株式会社連結財務諸表
連結財政状態計算書

（単位：百万円）

	注記	2008年4月1日	2009年3月31日	2010年3月31日
資産				
非流動資産				
有形固定資産				
無形資産				
投資不動産				
持分法で会計処理されている投資				
その他の投資				
繰延税金資産				
非流動資産合計				
流動資産				
棚卸資産				
売掛金及びその他の債権				
その他の投資				

現金及び現金同等物				
（小計）				
売却目的で保有する資金				
流動資産合計				
資産合計				
資本及び負債				
資本				
資本金				
資本剰余金				
自己株式				
その他の資本構成要素				
利益剰余金				
親会社の所有者に帰属する持分合計				
非支配持分				
資本合計				
負債				
非流動負債				
社債及び借入金				
その他の金融負債				
退職給付引当金				
繰延収益				
引当金				
繰延税金負債				
非流動負債合計				
流動負債				
社債及び借入金				
その他の金融負債				
買掛金及びその他の債務				
繰延収益				
未払法人所得税等				
引当金				
（小計）				

売却目的で保有する資産に直接関連する負債			
流動負債合計			
負債合計			
資本及び負債合計			

○○株式会社連結財務諸表

（1計算書方式による場合）
連結包括利益計算書（機能別）

（単位：百万円）

	注記	自 2008 年 4 月 1 日 至 2009 年 3 月 31 日	自 2009 年 4 月 1 日 至 2010 年 3 月 31 日
継続事業			
売上収益			
売上原価			
売上総利益			
その他の収益			
販売費			
管理費			
その他の費用			
営業利益			
金融収益			
金融費用			
持分法による投資利益			
税引前利益			
法人所得税費用			
継続事業からの当期利益			
非継続事業			
非継続事業からの当期利益			
当期利益			

その他の包括利益			
在外営業活動体の換算損益			
キャッシュ・フロー・ヘッジの公正価値の変動額の有効部分			
純損益へ振り替えられたキャッシュ・フロー・ヘッジの公正価値の純変動			
売却可能金融資産の公正価値の純変動			
純損益へ振り替えられた売却可能金融資産の公正価値の純変動			
持分法によるその他の包括利益			
その他の包括利益に係る法人所得税			
税引後その他の包括利益			
当期包括利益合計			
当期利益の帰属			
親会社の所有者			
継続事業からの当期利益			
非継続事業からの当期利益			
親会社の所有者に帰属する当期利益			
非支配持分			
継続事業からの当期利益			
非継続事業からの当期利益			
非支配持分に帰属する当期利益			
当期利益			
当期包括利益合計額の帰属			
親会社の所有者			
非支配持分			
当期包括利益合計			
1株当たり当期利益			
基本的1株当たり利益（円）			
希薄化後1株当たり利益（円）			

1株当たり当期利益（継続事業）			
基本的1株当たり利益（円）			
希薄化後1株当たり利益（円）			

1号 ふむふむ。財務諸表の名称や様式が変わると、会計事務所が記帳代行している会社のうち、日本の企業会計基準が適用されている会社は財務諸表の様式が違ってくるから、会計事務所のやり方や説明の仕方も当然変わってくるだろうな。

3号 ちなみに、コンバージェンスにより財務諸表の様式が変わった場合でも、中小企業の財務諸表の様式はそのままですかね？

2号 う〜ん。当然、税法基準で会計処理している中小企業は、財務諸表の様式はそのままということもあるだろうけど、過去の経験から言うと、企業会計基準の財務諸表の様式が変わった場合は、会社法計算書類の財務諸表の様式も変わることが通例だったから、もしかすると、今回も同じように中小企業が作成する財務諸表も様式が変わるかもしれないね。

ブラック そうしたら、オイラが記帳代行している関与先にも関係あることになっちゃうよ！

3号 そうなったら、記帳代行に関係なく、会計事務所として新しい財務諸表の様式をしっかり理解して、経営者に財務諸表の数値を説明できないといけなくなりますね！

4 財務諸表の見方と記帳代行が変わる（その2）
〜遠い将来、財務諸表の様式が劇的に変わる!?〜

3号 あと、少し気になったのですが、さっきIASB（国際会計基準審議会）とFASB（米国会計基準審議会）の共同プロジェクトで財務諸表の一体性及び分解表示など、財務諸表の大幅な見直しを検討しているって言ってまし

たよね？

2号 そうです。IASB（国際会計基準審議会）とFASB（米国会計基準審議会）は、財務諸表の表示の大規模な見直しを行うために、2008年10月にディスカッション・ペーパー（DP）「財務諸表の表示に関する予備的見解」を公表しています。

ただし、現在、プロジェクトは中断しており、公開草案の公表も2011年6月以降にずれ込んでいます。

3号 なるほど。一応、知っときたいのですが、どういう内容の検討が行われていたんですか？

2号 こんな感じです。

IASBとFASBが共同で検討している
近未来の財務諸表はこれだ！
（ただし現在、話合いは絶賛、中断中）

① 財務諸表の表示に関する3つの目的（一体性の目的、分解の目的、流動性及び財務的弾力性の目的）を設定し、財政状態計算書、包括利益計算書、キャッシュ・フロー計算書を事業セクションと財務セクション等に区分して表示して、各計算書の表示科目等を連携すること
② 包括利益計算書は単一の計算書とされ、当該計算書において包括利益及び当期純利益が表示すること
③ キャッシュ・フロー計算書は直接法で作成されなければならないこと。さらに、新たな注記として、キャッシュ・フロー計算書と包括利益計算書との調整表を作成すること

そのうち、①は、基本的な財務諸表の様式が変わる重要な見直しになります。

3号 このうち、①の財政状態計算書、包括利益計算書、キャッシュ・フロー計算書を、事業セクションと財務セクション等に区分して表示するっていうのはどういうことですか？

2号 これは、具体的には現在の財務諸表の様式に関係なく、次のようなセクション及びカテゴリーで財務諸表の情報を表示することを意味してい

ます（セクションが**太字**、カテゴリーは箇条書き）。

財政状態計算書	包括利益計算書	キャッシュ・フロー計算書
事業 ● 営業資産及び負債 ● 投資資産及び負債	**事業** ● 営業収益及び費用 ● 投資収益及び費用	**事業** ● 営業キャッシュフロー ● 投資キャッシュフロー
財務 ● 財務資産 ● 財務負債	**財務** ● 財務資産からの収益 ● 財務負債からの費用	**財務** ● 財務資産キャッシュフロー ● 財務負債キャッシュフロー
法人所得税	継続事業（事業及び財務）に関する**法人所得税**	**法人所得税**
非継続事業	**非継続事業**（税引後）	**非継続事業**
	その他の包括利益（税引後）	
所有者持分		**所有者持分**

［出所］「財務諸表の表示に関する論点の整理（平成21年7月10日 企業会計基準委員会）」

🎓 **ブラック** ???

👥 **2号** では、この財務諸表の一体性及び分解表示の考え方に基づいた財務諸表の様式例を、具体的に示してみましょう（出所：「財務諸表の表示に関する論点の整理（平成21年7月10日 企業会計基準委員会）」）。

【付録A　例示1A：提案様式】

TOOLCO 包括利益計算書
（提案様式）

		12月31日終了事業年度	
		2010年	2009年
事業			
営業			
売上―卸売		2,790,080	2,591,400
売上―小売		697,520	647,850
	収益合計	3,487,600	3,239,250
売上原価			
材料費		(1,043,100)	(925,000)
労務費		(405,000)	(450,000)
間接費―減価償却費		(219,300)	(215,000)
間接費―輸送費		(128,640)	(108,000)

	間接費—その他	(32,160)	(27,000)
	棚卸資産増減	(60,250)	(46,853)
	年金	(51,975)	(47,250)
	棚卸資産評価損	(29,000)	(9,500)
	売上原価合計	(1,969,425)	(1,828,603)
	売上総利益	1,518,175	1,410,647
販売費			
	広告費	(60,000)	(50,000)
	人件費	(56,700)	(52,500)
	貸倒損失	(23,068)	(15,034)
	その他	(13,500)	(12,500)
	販売費合計	(153,268)	(130,034)
一般管理費			
	人件費	(321,300)	(297,500)
	減価償却費	(59,820)	(58,500)
	年金	(51,975)	(47,250)
	株式に基づく報酬	(22,023)	(17,000)
	リース負債に関する利息	(14,825)	(16,500)
	研究開発費	(8,478)	(7,850)
	その他	(15,768)	(14,600)
	一般管理費合計	(494,189)	(459,200)
	その他の営業項目前利益	870,718	821,413
その他の営業収益（費用）			
	関連会社Aの持分法損益	23,760	22,000
	有形固定資産売却益	22,650	—
	キャッシュ・フロー・ヘッジ実現益	3,996	3,700
	債権売却損	(4,987)	(2,025)
	のれんの減損損失	—	(35,033)
	その他の営業収益合計（費用）合計	45,419	(11,358)
	営業利益合計	916,137	810,055
投資			
	受取配当金	54,000	50,000
	売却可能有価証券実現利益	18,250	7,500
	関連会社Bの持分法損益	7,500	3,250
	投資利益合計	79,750	60,750
	事業利益合計	995,887	870,805
財務			
	現金に係る受取利息	8,619	5,500
	財務資産収益合計	8,619	5,500
	支払利息	(111,352)	(110,250)
	財務負債費用合計	(111,352)	(110,250)
	財務収益及び費用の正味合計	(102,733)	(104,750)
	法人所得税及びその他の包括利益前の継続事業からの利益	893,154	766,055
法人所得税			
	法人所得税費用	(333,625)	(295,266)

継続事業からの利益	559,529	470,789
非継続事業		
非継続事業による損失	(32,400)	(35,000)
法人所得税軽減額	11,340	12,250
非継続事業による損失	(21,060)	(22,750)
当期純利益	538,469	448,039
その他の包括利益（税引後）		
売却可能有価証券の未実現損益（投資）	17,193	15,275
再評価剰余金（営業）	3,653	—
為替換算調整勘定—連結子会社	2,094	(1,492)
キャッシュ・フロー・ヘッジ未実現損益（営業）	1,825	1,690
為替換算調整勘定—関連会社A（営業）	(1,404)	(1,300)
その他の包括利益合計	23,361	14,173
包括利益合計	561,830	462,212
基本的1株当たり利益	7.07	6.14
希薄化後1株当たり利益	6.85	5.96

TOOLCO 財政状態計算書
（提案様式）

	12月31日現在	
	2010年	2009年
事業		
営業		
売上債権	945,678	541,375
差引：貸倒引当金	(23,642)	(13,534)
売上債権（純額）	922,036	527,841
棚卸資産	679,474	767,102
前払広告費	80,000	75,000
外国為替予約—キャッシュ・フロー・ヘッジ	6,552	3,150
短期資産合計	1,688,062	1,373,092
有形固定資産	5,112,700	5,088,500
差引：減価償却累計額	(2,267,620)	(2,023,500)
有形固定資産（純額）	2,845,080	3,065,000
関連会社Aに対する投資	261,600	240,000
のれん	154,967	154,967
その他の無形資産	35,000	35,000
長期資産合計	3,296,647	3,494,967
仕入債務	(612,556)	(505,000)
顧客からの前受金	(182,000)	(425,000)
未払給与	(173,000)	(200,000)
株式に基づく報酬負債	(39,586)	(21,165)
1年以内返済予定のリース負債	(35,175)	(33,500)
リース負債に関する未払利息	(14,825)	(16,500)
短期負債合計	(1,057,142)	(1,201,165)

	年金負債発生高	(293,250)	(529,500)
	リース負債（1年以内返済予定のものを除く）	(261,325)	(296,500)
	その他の長期負債	(33,488)	(16,100)
	長期負債合計	(588,063)	(842,100)
	正味営業資産	3,339,504	2,824,795
投資			
	売却可能有価証券（短期）	473,600	485,000
	関連会社Bに対する投資（長期）	46,750	39,250
	正味投資資産	520,350	524,250
	正味事業資産	3,859,854	3,349,045
財務			
財務資産			
	現金	1,174,102	861,941
	財務資産合計	1,174,102	861,941
財務負債			
	短期借入金	(562,000)	(400,000)
	未払利息	(140,401)	(112,563)
	未払配当金	(20,000)	(20,000)
	短期財務負債合計	(722,401)	(532,563)
	長期借入金	(2,050,000)	(2,050,000)
	財務負債合計	(2,772,401)	(2,582,563)
	正味財務負債	(1,598,299)	(1,720,621)
非継続事業			
	売却予定資産	856,832	876,650
	売却予定資産に関連する負債	(400,000)	(400,000)
	正味売却予定資産	456,832	476,650
法人所得税			
短期			
	繰延税金資産	4,426	8,907
	未払法人所得税	(72,514)	(63,679)
長期			
	繰延税金資産	39,833	80,160
	正味法人所得税資産（負債）	(28,255)	25,388
	純資産	2,690,132	2,130,462
所有者持分			
	株式資本	(1,427,240)	(1,343,000)
	利益剰余金	(1,100,358)	(648,289)
	その他の包括利益累計額（純額）	(162,534)	(139,173)
	所有者持分合計	(2,690,132)	(2,130,462)

短期資産合計	4,197,021	3,605,591
長期資産合計	3,383,231	3,614,377
資産合計	7,580,252	7,219,968
短期負債合計	(2,252,057)	(2,197,406)

長期負債合計	(2,638,063)	(2,892,100)
負債合計	(4,890,120)	(5,089,506)

TOOLCO キャッシュ・フロー計算書
(提案様式)

	12月31日終了事業年度	
	2010年	2009年
事業		
営業		
卸売客からの収入	2,108,754	1,928,798
小売客からの収入	703,988	643,275
顧客からの収入合計	2,812,742	2,572,073
製品のための支出		
材料の購入	(935,544)	(785,000)
労務費	(418,966)	(475,313)
間接費—輸送費	(128,640)	(108,000)
年金	(170,100)	(157,500)
間接費—その他	(32,160)	(27,000)
製品のための支出合計	(1,685,409)	(1,552,813)
販売活動のための支出		
広告費	(65,000)	(75,000)
人件費	(58,655)	(55,453)
その他	(13,500)	(12,500)
販売活動のための支出合計	(137,155)	(142,953)
一般管理活動のための支出		
人件費	(332,379)	(314,234)
年金制度への拠出	(170,100)	(157,500)
資本的支出	(54,000)	(50,000)
リース料の支払い	(50,000)	—
研究開発費	(8,478)	(7,850)
株式に基づく報酬の決済	(3,602)	(3,335)
その他	(12,960)	(12,000)
一般管理活動のための支出合計	(631,519)	(544,919)
その他の営業項目前キャッシュ・フロー	358,657	331,388
その他の営業活動による現金の受払い		
有形固定資産売却収入	37,650	—
関連会社Aへの投資	—	(120,000)
売上債権売却収入	8,000	10,000
キャッシュ・フロー・ヘッジの決済	3,402	3,150
その他の営業活動による収入(支出)	49,052	(106,850)
営業活動による正味キャッシュ・フロー	407,709	224,538
投資		
売却可能金融資産取得支出	—	(130,000)
売却可能金融資産売却収入	56,100	51,000

	配当金収入	54,000	50,000
	投資活動による正味キャッシュ・フロー	110,100	(29,000)
	事業活動による正味キャッシュ・フロー	517,809	195,538
財務			
	現金に係る利息収入	8,619	5,500
	財務資産によるキャッシュ・フロー合計	8,619	5,500
	短期借入金借入収入	162,000	150,000
	長期借入金借入収入	―	250,000
	利息の支払い	(83,514)	(82,688)
	配当金の支払い	(86,400)	(80,000)
	財務負債によるキャッシュ・フロー合計	(7,914)	237,312
	財務活動による正味キャッシュ・フロー	705	242,812
	法人所得税及び所有者持分前継続事業からの現金増減高	518,514	438,350
法人所得税			
	法人所得税の支出	(281,221)	(193,786)
	非継続事業及び所有者持分前現金増減額	237,293	244,564
非継続事業			
	非継続事業からの支出	(12,582)	(11,650)
	非継続事業による正味キャッシュ・フロー	(12,582)	(11,650)
	所有者持分前現金増減高	224,711	232,914
所有者持分			
	自己株式処分収入	84,240	78,000
	所有者持分による正味キャッシュ・フロー	84,240	78,000
	外国為替レートの現金への影響	3,209	1,027
	当期現金増減高	312,161	311,941
	期首現金残高	861,941	550,000
	期末現金残高	1,174,102	861,941

TOOLCO 所有者持分変動計算書（提案様式）

	株式資本	利益剰余金	為替換算調整勘定―連結子会社	為替換算調整勘定―関連会社A	再評価剰余金	キャッシュ・フロー・ヘッジの未実現損益	売却可能有価証券の未実現損益	所有者持分合計
2008年12月31日現在の残高	1,265,000	280,250	50,200	37,000	800	31,000	6,000	1,670,250
株式発行	78,000							78,000
配当金		(80,000)						(80,000)
包括利益		448,039	(1,492)	(1,300)	—	1,690	15,275	462,212
2009年12月31日現在の残高	1,343,000	648,289	48,708	35,700	800	32,690	21,275	2,130,462
新株発行	84,240							84,240
配当金		(86,400)						(86,400)
包括利益		538,469	2,094	(1,404)	3,653	1,825	17,193	561,830
2010年12月31日現在の残高	1,427,240	1,100,358	50,802	34,296	4,453	34,515	38,468	2,690,132

TOOLCO 2010年12月31日終了事業年度に関するキャッシュ・フローから包括利益への調整表（提案様式）

A列	B列	C列	D列	E列	F列	G列
	所有者との取引以外による資産及び負債の変動					
		再測定以外	再測定			
	キャッシュ・フロー	発生主義上項目、配分、その他	継続的な評価額修正	その他すべての再測定	包括利益(B+C+D+E)	包括利益計算書
キャッシュ・フロー計算書の表題						包括利益計算書の表題
事業						事業
営業						営業
卸売客からの収入	2,108,754	681,326			2,790,080	売上―卸売
小売客からの収入	703,988	(6,467)			697,520	売上―小売
顧客からの収入合計	2,812,742	674,859			3,487,600	収益合計

製品のための支出					売上原価	
材料の購入	(935,544)	(107,556)			材料費	(1,043,100)
労務費	(418,966)	13,966			労務費	(405,000)
年金	(170,100)	109,125	9,000		年金	(51,975)
間接費―輸送費	(128,640)	(219,300)			間接費―減価償却費	(219,300)
間接費―その他	(32,160)	(60,250)			間接費―輸送費	(128,640)
				(29,000)	間接費―その他	(32,160)
					棚卸資産増減	(60,250)
					棚卸資産評価損	(29,000)
製品のための支出合計	(1,685,409)	(264,016)	9,000	(29,000)	売上原価合計	(1,969,425)
	1,127,333	410,843			売上総利益	1,518,175
販売活動のための支出					販売費	
広告費	(65,000)	5,000			広告費	(60,000)
人件費	(58,655)	1,955			人件費	(56,700)
					貸倒損失	(23,068)
その他	(13,500)	(23,068)			その他	(13,500)
販売活動のための支出	(137,155)	(16,112)			販売費合計	(153,268)
一般管理活動のための支出					一般管理費	
人件費	(332,379)	11,079			人件費	(321,300)
年金制度への拠出	(170,100)	109,125	9,000		年金	(51,975)
資本的支出	(54,000)	54,000				
		(59,820)			減価償却費	(59,820)
株式に基づく報酬の決済	(3,602)	(12,171)	(6,250)		株式に基づく報酬	(22,023)
リース料の支払い	(50,000)	35,175			リース負債利息	(14,825)
研究開発費	(8,478)				研究開発費	(8,478)
その他	(12,960)	(2,808)			その他	(15,768)
一般管理活動のための支出合計	(631,519)	134,580	2,750	(29,000)	一般管理費合計	(494,189)
その他の営業項目前キャッシュ・フロー	358,657	529,311	11,750		その他の営業項目前利益（費用）	870,718
その他の営業活動による現金の受払い					その他の営業収益	
有形固定資産の売却	37,650	(15,000)			有形固定資産売却益	22,650
関連会社Aへの投資				23,760	関連会社Aの持分法損益	23,760
キャッシュ・フロー・ヘッジの決済	3,402	(594)	1,188		キャッシュ・フロー・ヘッジ実現損益	3,996
売上債権売却収入	8,000	(8,000)		(4,987)	売上債権売却損	(4,987)

その他の営業活動による収入（支出）	49,052	(23,594)	1,188	18,773	45,419
営業活動による正味キャッシュ・フロー	407,709	505,717	12,938	(10,227)	916,137
投資					
配当金収入	54,000				54,000
売却可能金融資産売却収入	56,100	(37,850)			18,250
				7,500	7,500
投資活動による正味キャッシュ・フロー	110,100	(37,850)		7,500	79,750
事業活動による正味キャッシュ・フロー	517,809	467,867	12,938	(2,727)	995,887
財務					
現金に係る受取利息	8,619				8,619
財務資産によるキャッシュ・フロー合計	8,619				8,619
配当金の支払い	(86,400)	86,400			
利息の支払い	(83,514)	(27,838)			(111,352)
短期借入金借入収入	162,000	(162,000)			
財務負債によるキャッシュ・フロー合計	(7,914)	(103,438)			(111,352)
	705	(103,438)		(2,727)	(102,733)
財務活動による正味キャッシュ・フロー	518,514	364,429	12,938	(2,727)	893,154
法人所得税及び所有者持分前 継続事業からの現金増減高					
法人所得税					
法人所得税の支出	(281,221)	(52,404)			(333,625)
非継続事業	237,293	312,025	12,938	(2,727)	559,529
非継続事業からの支出	(12,582)			(19,818)	(32,400)
		11,340			11,340
非継続事業による正味キャッシュ・フロー	(12,582)	11,340		(19,818)	(21,060)
所有者持分前現金増減高	224,711	323,365	12,938	(22,545)	538,469
その他の包括利益（税引後）					
売却可能有価証券の未実現損益			17,193		17,193
キャッシュ・フロー・ヘッジ未実現損益			1,825		1,825
為替換算調整額—連結子会社				2,094	2,094
為替換算調整額—関連会社A				(1,404)	(1,404)
再評価剰余金			3,653		3,653
その他の包括利益合計			22,671	690	23,361
所有者持分前現金増減高	224,711	323,365	35,609	(21,855)	561,830
包括利益合計					

右側項目:
- その他の営業収益（費用）合計
- 営業収益合計
- 投資
- 受取配当金
- 売却可能有価証券実現損益
- 関連会社Bの持分法損益
- 投資利益合計
- 事業利益合計
- 財務
- 現金に係る受取利息
- 財務資産損益合計
- 支払利息
- 財務負債費用合計
- 財務収益及び費用の正味合計
- 法人所得税及びその他の包括利益前
継続事業からの収益
- 法人所得税
- 法人所得税費用
- 継続事業からの利益
- 非継続事業
- 非継続事業による損失
- 法人所得税軽減額
- 非継続事業による損失
- 当期純利益

以上

1号 ここまで財務諸表の形が変わっちゃったら、関与先も税理士も記帳代行してくれている担当者も、みんな頭をリセットしないといけなくなるよ！

企業会計基準が関係ない中小企業に、こんなに変わり果てた財務諸表を見てもらっても慣れてないからわからないよ〜。

2号 ここまで劇的に財務諸表の様式が変わると、安易に会社法計算書類の財務諸表の様式も見直して、企業会計基準が関係ない中小企業にも同じ様式の財務諸表の作成を求めることはできないかもしれませんね。

3号 ただ、逆に、もし、そんなことになったら、ますます会計事務所の記帳に関する知識やノウハウがお客さんにとって重要なものになりますね！

また、新しい財務諸表の読み方を経理の方や経営者が理解しなくてはいけないですから、いつも財務諸表の読み方を指導している会計事務所の役割は今後ますます大きくなるはずです！

2号 （ナイス！　ポジティブシンキング！）

5 財務諸表の見方と記帳代行が変わる（その3）
〜複数の固定資産台帳又は税務用の固定資産台帳を作成する!?〜

3号 記帳代行と言えば、固定資産台帳が IFRS の導入により変わりますよね。

2号 そうだね。IFRS ベースの会計用の固定資産台帳と、税務用の固定資産台帳の2つを作成する必要が出てきますね。

1号 うちの事務所は、記帳代行をしているお客さんの固定資産台帳を作成しているのはもちろん、固定資産台帳だけうちの事務所で作成しているお客さんもあるから、その作業量が単純に2倍になるってことか。。。

3号 上場会社の子会社の場合はそうならざるを得ないですね。さらに、

個別財務諸表を日本の企業会計基準で作成する場合は、連結の IFRS 用、個別の日本基準用、税金計算の税務用の3つの種類の固定資産台帳を作成する必要もあるかもしれません。そしたら、単純に作業量3倍です。

2号 会計事務所の業務で言うと、会社側で IFRS ベースの固定資産台帳を作成して、税務用の固定資産台帳は会計事務所に丸投げってこともあり得るかもしれませんよ。

1号 いずれにしても、何らかの形で固定資産台帳の作成業務のニーズが増える可能性があるんだな。

《個別財務諸表の作成段階で IFRS を適用するケース》

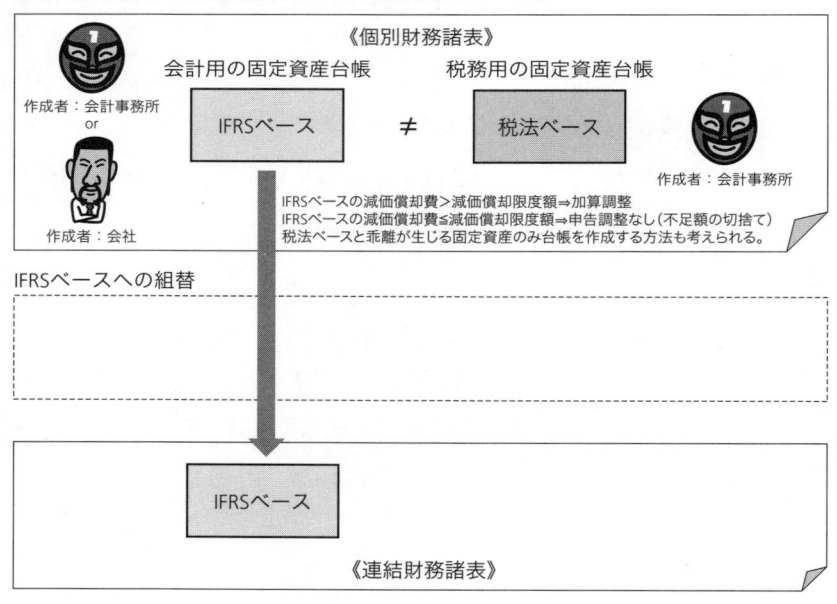

《個別財務諸表》

会計用の固定資産台帳　　　　税務用の固定資産台帳

IFRSベース　≠　税法ベース

作成者：会計事務所 or 会社

作成者：会計事務所

IFRSベースの減価償却費＞減価償却限度額⇒加算調整
IFRSベースの減価償却費≦減価償却限度額⇒申告調整なし(不足額の切捨て)
税法ベースと乖離が生じる固定資産のみ台帳を作成する方法も考えられる。

IFRSベースへの組替

IFRSベース

《連結財務諸表》

《個別財務諸表の作成段階では日本基準を適用するケース》

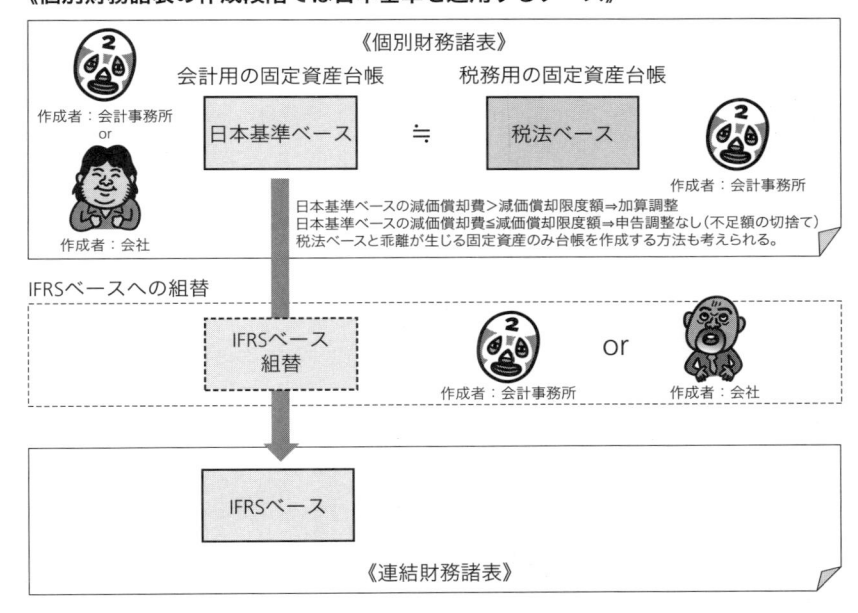

《個別財務諸表》

作成者：会計事務所 or 作成者：会社

会計用の固定資産台帳　　税務用の固定資産台帳

日本基準ベース ≒ 税法ベース

作成者：会計事務所

日本基準ベースの減価償却費＞減価償却限度額⇒加算調整
日本基準ベースの減価償却費≦減価償却限度額⇒申告調整なし（不足額の切捨て）
税法ベースと乖離が生じる固定資産のみ台帳を作成する方法も考えられる。

IFRSベースへの組替

IFRSベース組替

作成者：会計事務所 or 作成者：会社

IFRSベース

《連結財務諸表》

6　財務諸表の見方と記帳代行が変わる（その4）
～リース資産台帳を作成する!?～

2号　あと、固定資産台帳の1つとしてリース資産台帳の作成についても、オペレーティング・リース取引が使用権モデルによる売買処理になった場合、すべてのリース取引について、固定資産台帳と同じものを作成する必要があるから、作業量が今よりも確実に増えるでしょうね。

3号　しかも、リース取引の場合は、リース資産の減価償却費の計算だけでなく、支払リース料を利息法によってリース債務返済部分と支払利息部分に区分計算しないといけないですから、その管理計算も含めると、オペレーティング・リース取引が資産計上されると毎期面倒です。

1号　うちの事務所でも、固定資産台帳と同様にリース資産台帳を作成し

ている関与先があるから、今のうちから覚悟しておこう。

《IFRS 又はコンバージェンスにより、リース資産台帳の作成負担が増加する》

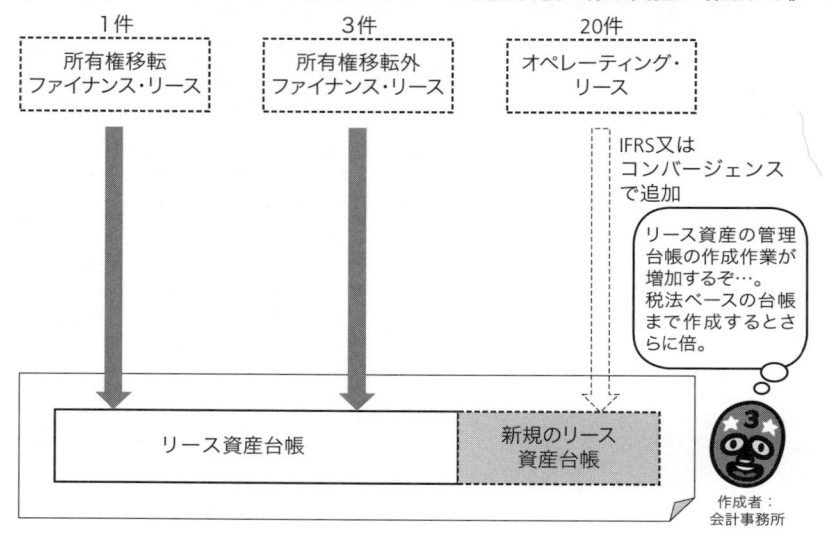

1件	3件	20件
所有権移転ファイナンス・リース	所有権移転外ファイナンス・リース	オペレーティング・リース

IFRS又はコンバージェンスで追加

リース資産の管理台帳の作成作業が増加するぞ…。税法ベースの台帳まで作成するとさらに倍。

リース資産台帳　　　　　　新規のリース資産台帳

作成者：会計事務所

7 過年度遡及修正で修正申告、更正の請求が頻繁になる!?

2号 日本の企業会計基準にも、平成23年4月1日以後開始する事業年度からIFRSで定める過年度遡及修正基準が適用されたことによって、税務申告の修正申告や更正の請求が少し増えるようになるかもしれません。

ブラック ????

3号 たしか、企業会計基準が変わったり、会計方針を変えたり、過去の会計処理の間違いが見つかったときに、その処理の違いによる過去の損益と剰余金の差額を当期の財務諸表（具体的には、前期損益修正損益等）にまとめて計上するのはやめて、過去の財務諸表を直接変えましょう、という会計基準ですよね。

過去の財務諸表を変更したら、税務申告も変更する必要があるというこ

とでしょうか？

1号 税務申告は確定決算主義によっているから、過去の財務諸表が変われば、税務申告を変える必要もあるかもしれないな。

2号 これは遡及修正する会計処理の内容にもよりますが、過去の間違いが見つかった場合、例えば、売上の計上漏れや経費の過大計上が見つかった場合などは、税務申告書についても修正申告や更正の請求をすることになると考えられます。

一方で、在庫の評価方法を総平均法から先入先出法に変更した場合など、会計方針を変更した場合や企業会計基準が変わった場合などは、税務申告はすでに過去の確定決算によって確定しているため、内容が変わりません。

ただし、会計方針を変えた事業年度、あるいは、新しい企業会計基準の適用初年度のBS期首残高が前期のBS期末残高と変わってきますから、その差額については別表五（一）の利益積立金の期首残高を修正することなるでしょう。

3号 逆に税務調査で間違いが見つかったら、過年度遡及修正の対象になるのでしょうか？

2号 修正内容によりますが、売上の過少計上など過去の会計処理の間違いが原因である場合は、過去の誤謬として過年度遡及修正の対象になるでしょうね。

具体的な事例で説明してみましょう。

[ケース1]　会計方針を変更した場合の遡及修正に係る税務申告

① P社は当期（X2年3月期）より、通常の販売目的で保有する棚卸資産の評価方法を総平均法から先入先出法に変更した。
② 前期（X1年3月期）の棚卸資産の増減について、先入先出法を遡及適用した場合の金額と、従来の方法である総平均法との差額及びそれに関する税金費用の影響は次のとおりである。

	前会計年度期首残高	前会計年度仕入高	前会計年度払出高	前会計年度期末残高
総平均法（従来の方法）	100	5,000	4,800	300
先入先出法を遡及適用した場合	150	5,000	4,700	450
税引前当期純利益への影響	50	0	−100	150
法人税等調整額への影響	20	0	−40	60
当期純利益への影響	30	0	−60	90

③　P社の決算日は3月31日、法定実効税率は40％とする。
④　有価証券報告書での表示期間は、当期と前期の財務諸表であるため、前期の財務諸表について、当期に変更した先入先出法を適用した場合の遡及修正を行う。
⑤　遡及修正した前期の財務諸表は次のとおりである。

(1) 貸借対照表（抜粋）
前期（X1年3月31日）

(単位：百万円)	遡及処理前	遡及処理後	差額
資産の部			
流動資産			
棚卸資産	300	450	150
繰延税金資産	500	440	△60
…	…	…	…
純資産の部			
株主資本			
利益剰余金	626	716	90
…	…	…	…
純資産合計	1,200	1,290	90

(2) 損益計算書（抜粋）
前期（X0年3月31日～X1年3月31日）

(単位：百万円)	遡及処理前	遡及処理後	差額
売上高	6,300	6,300	－
売上原価	4,800	4,700	△100
…	…	…	…
営業利益	210	310	100
…	…	…	…
経常利益	210	310	100
…	…	…	…
税引前当期純利益	210	310	100
法人税、住民税及び事業税	84	84	－
法人税等調整額	…	40	40

法人税等計	84	124	40
当期純利益	126	186	60

（3）株主資本等変動計算書（抜粋）
前期（X0年3月31日～X1年3月31日）

（単位：百万円）	遡及処理前	遡及処理後	差額
株主資本			
…	…	…	…
利益剰余金			
当期首残高	500	500	—
会計方針の変更による累積的影響額	—	30	30
遡及処理後当期首残高	500	530	30
当期変動額			
…	…	…	…
当期純利益	126	186	60
…	…	…	…
当期変動額計	126	186	60
当期末残高	626	716	90

《税務申告書の修正》

　前期の財務諸表が遡及修正により変更になり、当期の期首残高が変更になったため、当期の税務申告書の別表五（一）の期首利益積立金残高を修正する。また、税務申告書の添付書類に過年度事項の修正の内容を記載した書類（遡及適用後の過年度の財務諸表や遡及修正の内容のわかる明細）を添付する。なお、前期の税務申告書に変更はない。

［当期の税務申告書（X2年3月期）］

別表五（一）Ⅰ　利益積立金額の計算に関する明細書

区分	期首現在利益積立金額	当期の増減		差引翌期首現在利益積立金額 ①−②+③
		増	増	
	①	②	③	④
……				
棚卸資産	0 ➡ △150			
繰延税金資産	△500 ➡ △440			

繰越損益金	626 ➡ 716		
……			
差引合計額	800 ➡ 800		

※期首残高を➡に修正

　上記は、会計方針の変更の場合の取扱いとなるが、コンバージェンスやIFRS の適用により新会計基準が適用される場合も、税務申告書では同じ取扱いになると考えられる。

[ケース2]　過去の誤謬が発見された場合の遡及修正に係る税務申告

①　P 社の当期（X2 年 3 月期）の財務諸表を作成する過程で、前期（X1 年 3 月期）の財務諸表について誤謬が発見された。誤謬の内容は、P 社が前期に外部に販売した売上 50 百万円を誤って売上計上しなかった（原価は前期に計上している）。

②　P 社は誤謬について、当期の報告の中で訂正（修正再表示）を行う。

③　顧問税理士に相談したところ税務上も前期の売上計上漏れに該当するため、前期の税務申告書について、修正申告を提出することになった。

④　P 社の決算日は 3 月 31 日、法定実効税率は 40％とする。

⑤　修正再表示の結果、修正再表示を行う前と比べて、前期の貸借対照表は、売掛金 50 百万円増加し、前期の損益計算書は、売上が 50 百万円増加した（輸出売上のため当該売上に消費税は発生しない）。また、修正申告をするため未払法人税等が（貸方）20 百万円、法人税、住民税及び事業税が（借方）20 百万円、計上されることとなった。

⑥　有価証券報告書での表示期間は、当期と前期の財務諸表であるため、前期の財務諸表について売上の計上漏れに関する遡及修正を行う。

⑦　遡及修正した前期の財務諸表は次のとおりである。

(1) 貸借対照表（抜粋）
前期（X1年3月31日）

（単位：百万円）	遡及処理前	遡及処理後	差額
資産の部			
流動資産			
売掛金	300	350	50
繰延税金資産	500	500	0
…	…	…	…
負債の部			
流動負債			
未払法人税等	84	104	20
…	…	…	…
純資産の部			
株主資本			
利益剰余金	626	656	30
…	…	…	…
負債及び純資産合計	1,200	1,250	50

(2) 損益計算書（抜粋）
前期（X0年3月31日～X1年3月31日）

（単位：百万円）	遡及処理前	遡及処理後	差額
売上高	6,300	6,350	50
売上原価	4,800	4,800	0
…	…	…	…
営業利益	210	260	50
…	…	…	…
経常利益	210	260	50
…	…	…	…
税引前当期純利益	210	260	50
法人税、住民税及び事業税	84	104	20
法人税等調整額	—	—	
法人税等計	84	104	20
当期純利益	126	156	30

(3) 株主資本等変動計算書（抜粋）
前期（X0年3月31日～X1年3月31日）

（単位：百万円）	遡及処理前	遡及処理後	差額
株主資本			
…	…	…	…
利益剰余金			
当期首残高	500	500	—
会計方針の変更による累積的影響額	—	—	
遡及処理後当期首残高	500	500	
当期変動額			
…	…	…	…
当期純利益	126	156	30
…	…	…	…
当期変動額計	126	156	30
当期末残高	626	656	30

〈税務申告書の修正〉

前期の売上計上漏れであるため、前期の税務申告書について修正申告を行う。

[前期の修正申告書（X1年3月期）]

別表四　所得の金額の計算に関する明細書

区分		総額	処分	
			留保	社外流出
		①	②	③
当期利益又は当期欠損の額		1	126		
加算	売掛金		0 ➡50	0 ➡50	
	小計				
減算	……				
	小計				
	……				
所得金額又は欠損金額		44	210 ➡260		

※期首残高を➡に修正

別表五（一）I　利益積立金額の計算に関する明細書

区分	期首現在利益積立金額	当期の増減		差引翌期首現在利益積立額 ①-②+③
		減	増	
	①	②	③	④
……				
売掛金			0 ➡50	0 ➡50
……				
差引合計額				

上記は、増額更正のため修正申告の対象となるが、原価の計上漏れなど減額更正に該当する場合は更正の請求を行うこととなる。

8 税理士が税務調査の追徴税額を予想する⁉
～不確実な税務ポジションに係る会計処理
　　　　（税務リスクを確率により数値化せよ！）～

2号　米国会計基準では、税理士の税務リスクに関する見解を会社の財務諸表の数値に影響させる会計処理があります。

ブラック　???

2号　これは、ある取引や事象について、現在の税務処理が否認されるリスクを数値化する会計処理です。

　例えば、過去の税務申告において適用した税務上の取扱いについて、税務当局が認めてくれるかどうかが不確実な場合（税務調査にあった場合に会社自身が50％超の確率で税務当局から否認される可能性があると認識している場合など）に、税務調査において否認を受ける確率を見積もり、追徴税額（加算税等を含む）を加重平均した金額を引当計上する、という会計処理です。

　これを「不確実な税務ポジションに係る会計処理」と言います。税務ポジションとは、会社が税務申告する際に採用する税務処理の方針を言います。

3号　未払法人税等を実際の納税額より多く計上する、タックスクッションみたいなものですか？

2号　そうですね。タックスクッションを具体的な事案について、確率を使ってより正確に見積り計上するイメージです。

　この「不確実な税務ポジションに係る会計処理」は、現在のIFRSであるIAS第12号「法人所得税」では定められていませんが、IFRS（国際会計基準審議会）のFASB（米国会計基準審議会）とのコンバージェンスの流れの中で、IASBでは、IAS第12号「法人所得税」を改訂し、「不確実な税務ポジションに係る会計処理」を取り扱うことになっています。

1号 なるほど。この「不確実な税務ポジションに係る会計処理」が導入されることによって、具体的には我々税理士はどういうことをする必要が生じるのかな？

2号 まず、「不確実な税務ポジションに係る会計処理」が導入される最初の時には、過去の税務申告書をレビューしたり、税務担当者に質問したりすることで、税務リスクのある不確実な税務ポジションに該当する税務処理の洗い出しを関与先とすることになるでしょうね（不確実な税務ポジションの洗い出し）。ないことの確認も含めて。

そして、不確実な税務ポジションに該当する税務処理があった場合は、それが更正された場合の税額への影響額と、その発生確率を見積もる際の見解を提示することになるでしょうね。

3号 なるほど！　会計事務所の税務調査やその事案に対する知識、ノウハウ、経験に基づいた意見が、税務リスクの引当額に大きな影響を与えることになりますね！

ブラック でも、この会計処理をすること自体が追徴リスクを高めているような気がするのはオイラだけでしょうか？　だって、手の内バレバレじゃん。

3号 …………。

1号 …………。

2号 …………。

3号 （気を取り直して）ただ、実際には、税務リスクを回避するために保守的な税務処理を採用している場合も多いでしょうから、不確実な税務ポジションに該当する税務処理（≒税務上勝負する処理）はそれほど多くないかもしれませんよ。

不確実な税務ポジションに係る会計処理（イメージ）

P社は、当期、損金算入した役員給与のうち、3,000について、定期同額給与の損金算入要件の充足が一部、不明な点もあることから、顧問税理士と相談の結果、不確実な税務ポジションとして負債計上することとした。

なお、P社は、この役員給与の損金算入について、後日、税務調査があった場合には、50％超の確率で税務当局から否認される可能性があると認識している。

損金不算入となる役員給与	追徴税額	発生確率	加重平均税額
3,000	1,200	10%	120
2,000	800	20%	160
1,000	400	30%	120
0	0	40%	0
負債計上額（15%の加算税等含む）			460

でも、こんな引当計上していたら、税務調査の時にバレバレじゃん！

9 新しい会計基準が適用される前に会計方針の変更の届出を検討しよう！

2号 IFRSを確定申告の基礎になる個別財務諸表に適用した場合は、固定資産の償却方法が変更したりしますから、IFRSの適用初年度の開始前までに税務上の会計方針の変更の届出書を提出するなどして、会計と税務の乖離が生じないように手当しないといけないです。

1号 なるほど。

2号 当然、コンバージェンスされた新しい企業会計基準を個別財務諸表に適用した場合も、税法基準との乖離が生じることになる場合は、適用初年度の開始前までに税務上の会計方針の変更の届出書を提出することを検討する必要がありますね。

《IFRS又はコンバージェンスによる新会計基準の適用により、税務上の会計方針を変更する？》

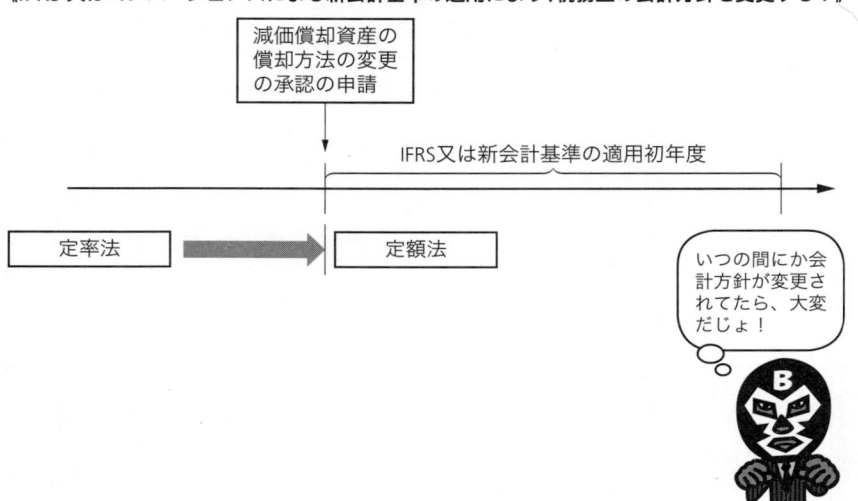

減価償却資産の
償却方法の変更
の承認の申請
↓

―――――――|――――――――――――→
　　　　　　　IFRS又は新会計基準の適用初年度

| 定率法 | ⇒ | 定額法 |

いつの間にか会計方針が変更されてたら、大変だじょ！

10 非上場株式の株価算定業務が増加する!?
～非上場株式を公正価値で評価～

2号 うちの事務所は、株価算定業務は行っていましたっけ？

1号 いや、うちの事務所では行っていないよ。知り合いの会計事務所では、株価算定業務を頻繁に行っているみたいだね。相続や贈与での評価もそうだけど、上場会社やその子会社のグループ再編やM＆Aのときの株価算定も、規模は小さいみたいだけど行っているみたいだよ。

それがどうかしたの？

2号 IFRSでは、2009年11月にIFRS第9号「金融商品」が公表され、2013年1月1日以降開始する事業年度より適用されることになっています。このIFRS第9号「金融商品」では、非上場株式を公正価値で評価することが求められています（IFRS第9号「金融商品」B5.5項）。

これは、IFRSでは、資産及び負債を公正価値で評価することが基本原則になっていますが、非上場株式については、その取得原価は投資家に対

して、その資産から生じる将来のキャッシュ・フローなどの情報を提供しているわけではなく、投資情報の有用性から考えると非上場株式も公正価値で評価すべきと考えたことによります。

ちなみに、日本の企業会計基準では、「時価を把握することが極めて困難と認められる有価証券」は時価評価ではなく、取得原価で評価することが認められており、非上場株式は時価を把握することが極めて困難と認めてられる株式であるとされています。

1号 非上場株式を公正価値評価？ それって時価評価ってこと？

2号 簡単に言うと、非上場株式を時価評価して、評価損益を当期純損益として処理するか、またはその他包括利益で処理するかを選択することとなります。

ただし、公正価値を算定するのに利用できる最近の情報が十分でない場合、または可能な公正価値測定の範囲が広く、当該範囲の中で取得原価が公正価値の最善の見積りを表す場合には、取得原価を公正価値とみなせる場合もあります（IFRS 第9号 B5.5 項）。

そうは言うものの、次のような場合は、取得原価を公正価値としてみなすことは適切でないともしています（IFRS 第9号「金融商品」B5.6 項）から、結局、原則として非上場株式は時価評価しましょう、ということらしいです。

(a)	予算、計画又は目標との比較における被投資企業の業績が著しく変化した場合
(b)	被投資企業の技術的な製品に係る目標の達成に関する予想に変化がある場合
(c)	被投資企業の株式又はその製品もしくは潜在的な製品の市場に著しい変化がある場合
(d)	世界経済又は被投資企業が営業を行っている経済環境に著しい変化がある場合

(e)	類似企業の業績又は市場全体による暗黙の評価に著しい変動がある場合
(f)	不正、事実上の係争、訴訟、経営陣又は戦略の変更といった被投資企業の内部的事項が生じている場合
(g)	被投資企業（株式の新規発行など）又は第三者間での資本性金融商品の移転のいずれかによる被投資企業の株式に関する外部取引からの証拠がある場合

〔出所〕 IFRS 第 9 号「金融商品」B5.6 項（IASC 財団編『国際財務報告基準（IFRS）2010』中央経済社、2010 年）を加工修正

3号 でも、非上場株式の公正価値って何ですか？

2号 IASB（国際会計基準審議会）と FASB（米国会計基準審議会）は、合同で審議して「公正価値測定」の基準を策定している最中ですが、そこでは、非上場株式の公正価値の算定は、我々にとってなじみのあるマーケットアプローチ（類似業種比準方式、類似会社比準方式など）、インカムアプローチ（DCF 法、収益還元法）、コスト・アプローチ（時価純資産価額法）などの評価技法を使うことになっています。

1号 財産評価基本通達で定める方法はどうかな？

2号 それは、あくまで税務上の評価額を決定するための評価方法ですから、公正価値としては認められないでしょうね。

1号 例えば、この評価は会社がやるの？ 外部の専門家がやるの？

2号 基本は会社が行うということになるでしょうが、評価に恣意性を排除し客観性を確保したい場合は、会計事務所や監査法人なんかの外部の専門家に依頼することなるのではないでしょうか？

3号 そうなると、株価算定業務を得意としている会計事務所なんかは、株価算定の仕事が増えるかもしれないってことだなぁ。

《IFRSの非上場株式の公正価値評価により、会計事務所の株価算定業務が増加する、かも。》

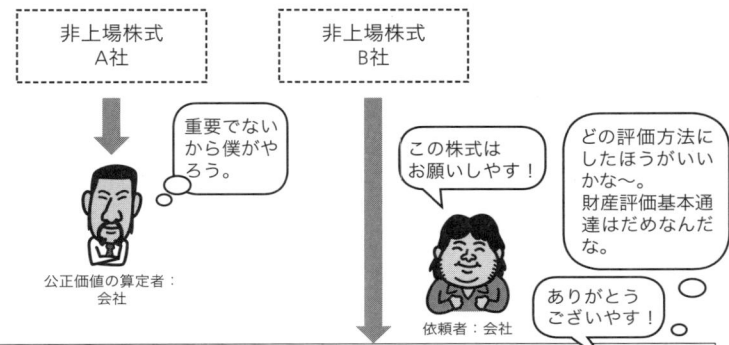

```
[非上場株式      [非上場株式
 A社]            B社]
  ↓               ↓
```

「重要でないから僕がやろう。」
公正価値の算定者：会社

「この株式はお願いしやす！」
依頼者：会社

「どの評価方法にしたほうがいいかな〜。財産評価基本通達はだめなんだな。」

「ありがとうございやす！」

① マーケットアプローチ（類似業種比準方式、類似会社比準方式など）
② インカムアプローチ（DCF法、収益還元法）
③ コスト・アプローチ（時価純資産価額法）

公正価値の算定者：会計事務所

11 給与計算業務では、有休残数、平均日給、平均消化率等の情報提供が必要になる
～有給休暇引当金の根拠データに～

2号 うちの事務所は、給与計算業務は行ってましたっけ？

1号 いや、うちの事務所では行っていないよ。知り合いの会計事務所では、社会保険労務士さんも事務所において、上場会社の子会社の給与計算業務を行っているみたいだね。

2号 IFRSが適用されて有給休暇引当金を計算する必要が生じる会社で、給与計算業務を外部に委託している場合、従業員の有休残数や有休の消化実績率、そして、1日当たりの給与など、有給休暇引当金を計算するための基礎情報を給与計算業務の委託先が提供する必要が生じます。

1号 場合によっては、有給休暇引当金の計算自体を給与計算業務の委託先が行う場合もあるかもしれませんね。

《IFRSの有給休暇引当金により、給与計算会社の提供する情報が増加する、かも。》

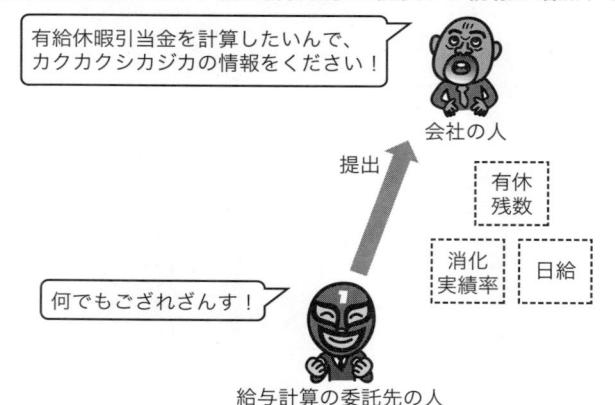

有給休暇引当金を計算したいんで、カクカクシカジカの情報をください！

会社の人

提出

有休残数

消化実績率

日給

何でもござれざんす！

給与計算の委託先の人

12 IFRSの導入により、関与先が連結子会社になる!?
〜いきなり税法基準からIFRSや日本基準に変更に！〜

2号 連結財務諸表の取扱いがIFRSによって変わったとしても、本来は会計事務所には関係ないのですが、IFRSによって連結の範囲が変わることで、会計事務所の関与先に対する業務にも影響する場合があるんです。

1号 どういうこと？

2号 日本の企業会計基準では、「上場会社の50％超の子会社であっても、重要性がない場合は連結子会社にしなくてよい」という、連結範囲の重要性の判断基準があります。この場合、その子会社は、非連結子会社となります。

1号 具体的にはどう判断するの？

2号 「連結の範囲及び持分法の適用範囲に関する重要性の原則の適用等に係る監査上の取扱い（監査・保証実務委員会報告第52号）」（以下「第52号」）において、具体的には、①資産基準、②売上高基準、③利益基準、④利益剰余金基準の4つで判断し、それぞれ、「非連結子会社の数値の合

計／親会社及び連結子会社の数値の合計」で計算した割合が低い場合は、割合計算に含めた非連結子会社を連結の範囲から除外してもよいとなっています（ちなみに、利益基準と利益剰余金基準における連結子会社の数値は、親会社の持分相当額を合算します）。

1号 具体的には、割合は何％くらいだと重要性がないって言えるんだ？

2号 第52号では、特に明確な％については定めていませんが、昔あった改正前の第52号では、3〜5％以内なら重要性がないと判断されていたことから、現在も先ほどの割合が3〜5％以内なら連結の範囲から除外しているようです。

3号 これがIFRSだとどうなりますか？

2号 IFRSでは、このような重要性の判断基準がありません。したがって、連結財務諸表にIFRSが適用されることによって、従来、連結の対象外だった子会社が、連結子会社になる可能性があります。

1号 つまり、自分の関与先がIFRSの導入とともに連結子会社に該当することもあり得ると…。

3号 そうなったら、そういう関与先は、今まで税法基準で個別財務諸表を作成していたのが、IFRSあるいは日本基準で作成されることになりますね。

2号 そうなります。そして、会計事務所でもIFRSあるいは日本基準で会計処理された個別財務諸表を基礎に税務申告書を作成したり、税務上のアドバイスをする必要が出てきます。

3号 そういう関与先については、税務申告書の作成業務とコンサルティング業務の内容が大きく変わってきますね。

《IFRSにより、関与先が連結子会社に該当することになる？
つまり、それって、その会社は、税法基準からIFRSあるいは日本基準の適用対象になってしまうってことですか？》

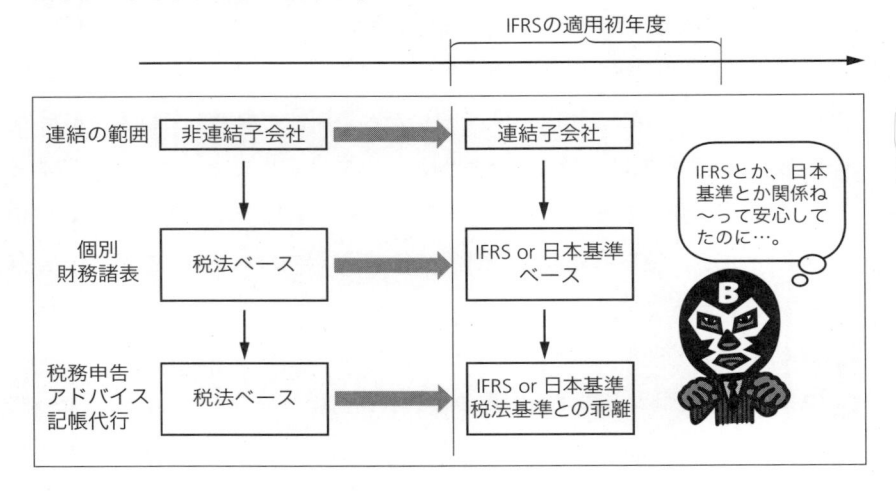

13 IFRSの導入により、関与先が決算期変更をする!?

2号 あと、会計事務所にも大きな影響を与えそうなのが、連結子会社の決算期の統一です。

3号 子会社の決算期が、親会社と同じになるんですか？

2号 あくまで連結子会社だけどね。IFRSでは、原則として親会社の決算期と子会社の決算期を統一することを要求しているんです。

3号 日本の企業会計基準だと、親会社3月決算、子会社12月決算なんて場合も、3か月のズレまでは認められていますが、IFRSの場合は親会社の決算期に統一する必要があるんですね。

1号 そうなると、うちの連結子会社のお客さんも、多忙な3月決算に変更になるかもしれないのか。

ブラック ほとんどの会社が3月決算で、ただでさえ業務負担が重い時期

だったのにさらに忙しくなるのか。。。残念ながら、皆さんはGWなくなるな。（オイラはほとんど関係ないけど。）

14 IFRSの導入で繰延税金資産の回収可能性の検討がより複雑に!?
～よりプロフェッショナル業務になるぜ！～

2号 うちの事務所では、一部のお客さんで繰延税金資産の回収可能性の検討を業務として行っていますよね？

1号 そうだね。税金計算→税効果の一時差異の集計→回収可能性の検討が一連作業となっているから、繰延税金資産の回収可能性の検討も、我々にとっては重要な業務だよ。

2号 この繰延税金資産の回収可能性についても、日本の企業会計基準では、会社を過去の業績に基づいて①～⑤のランク付けして、回収可能額を計算していますよね。

そして、会社のランクが③、④但し書、④の場合にスケジューリングを行って、③、④但し書は5年以内、④は1年以内の課税所得を限度に繰延税金資産が計上できますよね。

IFRSでは、IAS第12号「法人所得税」の第24項において、「繰延税金資産は、将来減算一時差異を利用できる課税所得が生じる可能性が高い範囲内で、すべての将来減算一時差異について繰延税金資産を認識しなければならない。」と規定されています（IASC財団編『国際財務報告基準（IFRS）2009』中央経済社、2009年）。

したがって、IFRSでは、日本の企業会計基準のように、会社区分や1年とか5年とかの回収期間の限度もなく、将来減算一時差異が解消されるまでの期間を限定せずに、将来減算一時差異に対して将来の課税所得と相殺できる可能性が高い範囲で繰延税金資産を計上できることになります。

1号 つまり、過去の業績に関係なく、将来の課税所得が発生する可能性

が高い場合は、繰延税金資産を計上できるってことかぁ。

3号 具体的には、発生する可能性が高い課税所得に基づいて、期間を限定せずにスケジューリングを行って、回収可能額を計算するイメージですかね。

2号 そうだね。

1号 なるほど。IFRS の導入によって、繰延税金資産の回収可能性の検討業務も考え方が変わってくることになりそうなんだ。

《繰越欠損金のスケジューリングによる回収可能額》

[課税所得の計算]

		H24/3期	H25/3期	H26/3期	H27/3期	H28/3期	H29/3期	H30/3期	H31/3期
課税所得(控除前)		500	800	800	1,500	1,500	2,000	2,000	2,000
繰越欠損金		500	800	800	1,500	1,500	2,000	2,000	700
課税所得(控除後)		0	0	0	0	0	0	0	1,300

[繰越欠損金の控除額]

発生事業年度		期首残高	H24/3期	H25/3期	H26/3期	H27/3期	H28/3期	H29/3期	H30/3期	H31/3期
H19/3期	解消額		−500	−800	−700					
(繰越期間7年)	期限切れ		0	0	0					
	残高	2,000	1,500	700	0					
H21/3期	解消額		0	0	−100	−1,500	−1,200			
(繰越期間7年)	期限切れ		0	0	0	0	0			
	残高	2,800	2,800	2,800	2,700	1,200	0			
H22/3期	解消額		0	0	0	0	−300	−2,000	−2,000	−700
(繰越期間7年)	期限切れ		0	0	0	0	0	0	0	0
	残高	5,000	5,000	5,000	5,000	5,000	4,700	2,700	700	0
解消額	年額		500	800	800	1,500	1,500	2,000	2,000	700
	累計額		500	1,300	2,100	3,600	5,100	7,100	9,100	9,800

日本基準を適用し、会社区分④の場合は 1 年分の解消額 500 が回収可能(繰延税金資産の計上額 200)。
ただし、将来の課税所得の発生可能性が高いことが条件。

日本基準を適用し、会社区分③の場合は最大 5 年分の解消額 5,100 が回収可能(繰延税金資産の計上額 2,040)。
ただし、将来の課税所得の発生可能性が高いことが条件。

IFRS を適用した場合は、期間の制限なく解消額 9,800 が回収可能(繰延税金資産の計上額 3,920)。
ただし、将来の課税所得の発生可能性が高いことが条件。

おわりに

ブラック　なるほど〜。オイラたち会計事務所では、関与先にIFRSが導入されると、申告業務がより専門的になり、また、記帳代行、固定資産台帳の事務負担が増えることもあり、そして、IFRSへの会計処理の変更を税務上どのように取り扱うのかをアドバイスする必要もあって、いろいろとやることがあるんだな。

3号　まさに、お客さんがIFRS導入プロジェクトを成功させるために、我々会計事務所には、税務部門としての役割が期待されることになるんですね！　たぶん。。。

ブラック　でも、IFRSが導入されるのは、あと早くても6年後だよね。それまでに、オイラたちは何をやって準備しておけばいいんだ？　あるいは、何もやんなくていいのか？　それなら助かるな〜。

（続く）

調査ファイル **6**

俺たちは、これから何を すればいいのか？ （何もしなくていいよね？）

はじめに

1号 とうとう俺たちは、IFRSとは何か、いつ導入されるのか、日本基準と何が違うのか、税法基準と何が違うのか、どういう関与先に適用され、どういう関与先に影響するのか？　会計事務所の仕事にはどういう影響があるのか、を知ることができた！

そして、最後に、これから会計事務所がやるべきこと、つまり、俺たちがやるべきことを熱く語って締めるぞ！

ブラック IFRSの適用も早くて6年後だから、今は、何もやらなくていいような気がするけどな～。

3号 そんな気がしますね。そういうことも含めて、あらためて考えてみましょうよ。

2号 そうですね！　今までのおさらいも兼ねてまとめてみます。

3号 締めましょう！

全員 えい、えい、えい、おー！

1　まずは、関与先の種類ごとにIFRS導入スケジュールと適用形態をまとめてみよう

2号 まず、早くても6年後にIFRSが導入されるにあたって、会計事務所が何をやっておくべきか、あるいは、何にもやらなくていいのか、を確認するためにも、もう一度、関与先の種類ごとにIFRS導入スケジュールと適用形態をまとめてみました。

2　IFRSと税法基準との乖離（税務調整）を把握する
～IFRS博士になる必要はない～

3号 この表にも書いてありますが、我々税理士としてやるべきことは、IFRSを把握することではなく、あくまで、IFRSと税法基準との乖離を把

《関与先の種類ごとの IFRS 導入スケジュールと適用形態の関係図》

				2012年 IFRSの導入決定	2017年以降 IFRSの適用開始
上場会社	パターン1	会計	個別財務諸表	コンバージェンスされた企業会計基準	IFRS
			連結財務諸表	コンバージェンスされた企業会計基準	IFRS
		税法	税務調整	企業会計基準－税法基準	IFRS－税法基準
	パターン2	会計	個別財務諸表	コンバージェンスされた企業会計基準	
			連結財務諸表	コンバージェンスされた企業会計基準	IFRS
		税法	税務調整	企業会計基準－税法基準	
上場会社の子会社	パターン1	会計	個別財務諸表	コンバージェンスされた企業会計基準	
		税法	税務調整	企業会計基準－税法基準	
	パターン2	会計	個別財務諸表	コンバージェンスされた企業会計基準	IFRS
		税法	税務調整	企業会計基準－税法基準	IFRS－税法基準
会社法上の大会社	パターン1	会計	個別財務諸表	コンバージェンスされた企業会計基準	IFRS
		税法	税務調整	企業会計基準－税法基準	IFRS－税法基準
	パターン2	会計	個別財務諸表	コンバージェンスされた企業会計基準	
		税法	税務調整	企業会計基準－税法基準	
中小企業	パターン1	会計	個別財務諸表	税法基準	
		税法	税務調整	なし	
	パターン2	会計	個別財務諸表	中小企業会計指針 or 新中小企業会計基準	
		税法	税務調整	中小企業会計指針 or 新中小企業会計基準－税法基準	

握すること、つまり、税務申告書を作成するための加算、減算調整をできるようにしておくこと、ということも頭に入れる必要がありますね。

2号 そうですね。やみくもに IFRS の本をたくさん読んで、税理士が、IFRS 博士になる必要はないってことです。

IFRS の適用や詳細はあくまで、会社の方や監査法人、公認会計士に任せておけば十分ってことです。

その結果を受けて、税法基準との乖離、つまり、税務申告書の加算、減

算調整があるかどうかを検討することが、我々税理士の役割ですから。

3 上場会社を担当する1号の場合

2号 では、具体的に担当者ごとにやるべきことは何なのか、確認しましょう。

1号 まず、俺は上場会社のお客さんを担当しているからIFRSが影響するはずだけど、何をやればいいのかなぁ。

1号 上場会社をお客さんとして担当している場合ですが、まず、IFRS適用前の時期については、企業会計基準のコンバージェンスに関する情報をタイムリーに入手して、適用初年度の税法基準との乖離を把握しておくだけでいいのではないでしょうか。

3号 結局、企業会計基準がコンバージェンスされていくとIFRSの会計処理に近づくわけだから、そのつど会計基準の見直しに対応することで、結果的にIFRS対策は完了するってことですよね。

1号 IFRSが実際に適用されるってなったらどうすればいいかな？

2号 その場合も、その上場会社が個別財務諸表を日本の企業会計基準ベースで作成するのか、IFRSベースで作成するのか、によって我々の対応が違ってきます。

　個別財務諸表を日本の企業会計基準ベースで作成する場合、つまり、連結財務諸表だけIFRSベースで作成する場合は、税務申告書は日本の企業会計基準との税務調整をしますから、企業会計基準のコンバージェンスに対応していることで、ある意味やるべきことは完了しているということです。

　一方、個別財務諸表をIFRSベースで作成する場合、税務申告書はIFRSとの税務調整をしますから、導入直前にあらためてIFRSと税法基準の乖離を把握する必要があるでしょう。

と言っても、IFRSが導入される時期には、企業会計基準のコンバージェンスがリアルタイムでさらに進んでいるでしょうから、IFRSと税法基準の乖離を新たに把握し直す必要はないかもしれませんよ。

3号 あと、上場会社が社内で開催するIFRS検討会やグループ説明会に参加することで、IFRSの概要や改正動向、コンバージェンスの動向、そしてその会社独自に影響する取扱いなど、多くの情報が入手できるかもしれませんね！

2号 そうですね！ お客さんの検討会に積極的に参加することでも、十分準備が可能かもしれませんね。

1号 いずれにしても、時期が来たら、まずは、親会社である上場会社にIFRSの個別財務諸表への適用方針を聞いてみるといいってことだな。

4 上場会社の子会社を担当する3号の場合

3号 私は、上場会社の子会社を担当しているからIFRSが影響するはずだけど、何をやればいいのでしょうか？

2号 上場会社の子会社をお客さんとして担当している場合も、ほぼ上場会社と同じではないでしょうか。

まず、IFRSの適用前までは、企業会計基準のコンバージェンスに関する情報をタイムリーに入手して、適用初年度の税法基準との乖離を把握しておくこと、そして、IFRSが適用される直前は、個別財務諸表を日本の企業会計基準ベースで作成する場合は、税務申告上、企業会計基準のコンバージェンスに対応していればある意味やるべきことは完了しているのでしょうが、個別財務諸表をIFRSベースで作成する場合は、IFRSと税法基準の乖離を把握する必要があるということですね。

3号 私の場合も、時期が来たら、まずは親会社である上場会社に、子会社では個別財務諸表をIFRSと日本の企業会計基準のどちらで作成するの

かを聞いてみる必要があるってことですね。

5 会社法上の大会社（上場会社を除く）を担当する2号の場合

2号 私は、会社法上の大会社（上場会社以外）を担当していますが、IFRSへの対応は、上場会社の子会社と同じと考えておいて問題ないと思っています。

6 ベンチャー企業を担当する4号の場合

2号 4号さんは、ベンチャー企業を担当していますが、公認会計士監査が行われている上場準備をしているような会社の場合は、上場会社と同じ対応が必要になりますよ。

4号 ワカリマシタ。ラジャー。

7 中小企業を担当するブラックの場合

2号 中小企業、零細企業を担当するブラックさんは、ぶっちゃけ、何も準備しなくていいです！

ブラック わーい！ わーい！ やったぁ。友達のタイ☆ーマ☆クと「Barトラの穴」に飲みに行くぞ〜！

2号 ただし！

ブラック 忠志???（人の名前か？）

2号 IFRSからコンバージェンスされた企業会計基準が、税制改正や中小企業会計指針の見直しにつながる場合がありますから、税制改正や中小企業会計指針の見直しに関する情報は、タイムリーに入手しておく必要があります。

また、今回のIFRSが導入されることを契機として、「中小企業の会計に関する検討会」なるものが発足されて新しい中小企業会計基準が策定されるような動きがありますから、この動きにも十分に注意する必要があります。

ブラック　ちぇっ…。（めんどっちーな。）

おわりに

1号　とうとう俺たちは、IFRSとは何か、いつ導入されるのか、日本基準と何が違うのか、税法基準と何が違うのか、どういう関与先に適用され、どういう関与先に影響するのか？　会計事務所の仕事にはどういう影響があるのか、そして、俺たちは何をすべきか、しなくていいのか、を知ることができたぞ！　2号、君のおかげだ、ありがとう！

3号　今回、IFRSを通じて、企業会計基準のコンバージェンスも知りました。IFRS、IFRSってよく言うけど、企業会計基準のコンバージェンスに対応しておくほうがよっぽど重要だと思いました。

2号　IFRSが導入されることになって会計基準が騒がれているけど、僕も本当は、日本の企業会計基準をIFRSにコンバージェンスするって決まった時（2005年）にもっと騒がれるべきだったと思いますよ。

1号　そういう意味で、ある意味誤解を恐れながら言うと、IFRSの騒ぎってのは、一部の商業主義的な流行りの一面があるのも否定できないかもな。

3号　あと、IFRSってたくさん誤解を招きかねない表現とか受け取り方もあるから、その点も注意しないといけないって思いましたよ。

2号　そうだよね。うちの事務所もタカマツ所長が、もうじきIFRSが導入されるから英語ができるやつを探すって、六本木の外国人キャバクラに毎夜毎夜スカウトに行っているけど、それ完全に勘違いだよな。。。

1号　と、そんな紙面が無駄になるようなくだらないことはいいか。じゃ

あ2号、今までありがとう。

3号 新天地、IWCP税理士法人でも頑張ってください！ あの税理士法人は屈強な男たちが多くて、厳しい世界だってよく聞きますから。

ブラック ほんとありがとうごぜいやした！ 最後にIFRSっていう余計な置き土産も、ありがとうございます！

4号 オマエノオカゲデ日本語スコシ覚エラレタヨ。アリガトウ。デモジッサイニハオマエ、IFRSソンナニワカッテナイダロウ？ お元気で！

2号 マスクマンとして面接したときに、IWCP税理士法人からマスクを脱ぐことを採用条件に突き付けられましたので、IWCP税理士法人に入ったらマスクマンを卒業します。ですから、街で会っても私のことはわからないと思いますので、もう2度と皆さんには会うことはないと思います。 本当にありがとうございました！ さようなら！

(おわり)

〈参考文献〉

本文中に引用させていただいた文献以外に、下記の文献を参考とさせていただきました。

ありがとうございました！

- IASC 財団編・企業会計基準委員会監訳・公益財団法人財務会計基準機構監訳『国際財務報告基準（IFRS）2010』（中央経済社、2010 年）
- 太田実佐著「非上場株式の公正価値測定―IFRS 第 9 号及び公正価値測定 ED からみる実務対応（前編）」『経営財務 2994 号（2010 年 12 月 6 日）』（税務研究会）
- 太田実佐著「非上場株式の公正価値測定―IFRS 第 9 号及び公正価値測定 ED からみる実務対応（後編）」『経営財務 2995 号（2010 年 12 月 13 日）』（税務研究会）
- 矢野貴詳著「IFRS をめぐる動向 第 14 回 法人所得税」『経営財務 2983 号（2010 年 9 月 20 日）』（税務研究会）
- 有限責任あずさ監査法人 IFRS 本部編『ケース・スタディ IFRS の固定資産会計』（中央経済社、2011 年）
- 石村満彦著『図解入門ビジネス 最新 IFRS（国際会計基準）の基本と実務がよ～くわかる本』（秀和システム、2010 年）
- 飯塚隆・前川南加子・有光琢郎著『ビジュアル IFRS（国際会計基準）の基本』（日本経済新聞出版社、2010 年）
- 有限責任監査法人トーマツ IFRS アドバイザリーグループ編『ただいま授業中 IFRS がよくわかる講座』（かんき出版、2010 年）
- 橋本尚監修『図解雑学 よくわかる IFRS〈国際会計基準〉』（ナツメ社、2010 年）
- 税理士法人プライスウォーターハウスクーパース・あらた監査法人編著『IFRS をめぐる税務を見据える―個別財務諸表に適用された場合の影響を探る―』（税務経理協会、2010 年）
- 武田雄治著『あっ、そういうことか！ IFRS ガイド』（中央経済社、2010 年）
- 関大地著『図解で身につく！ IFRS の要点早わかり』（中経出版、2011 年）

■著者紹介

足立 好幸（あだち・よしゆき）

公認会計士・税理士。税理士法人トラスト パートナー
大手監査法人において会計監査・上場支援等に従事した後、税理士法人トラストの設立に参画する。連結納税、組織再編税制を中心にグループ企業の税制最適化、企業グループ税制に係る業務を行う。近年では、連結納税の採用企業、検討企業が増加しているため、上場会社における連結納税の検討実務、導入実務に数多く係わる。業界で注目を集めた「M＆A」「事業再編」「企業再生」に数多く関与している。主な著書に『グループ法人税制Q＆A』（清文社）、『M＆A・組織再編のスキーム選択』（清文社）、『連結納税採用の有利・不利とシミュレーション』（清文社）、『連結納税の組織再編』（中央経済社）、『中小・中堅企業でも成功する連結納税導入プロジェクト』（中央経済社）ほか多数。
・グループ税制の情報サイトはこちら→ http://group-tax.com/

イラストと会話ですっきり理解
IFRS（イファース）で税理士業務（ぜいりしぎょうむ）はどう変（か）わる？

2011年8月10日　発行

著　者	足立 好幸 Ⓒ
発行者	小泉 定裕
発行所	株式会社 清文社　東京都千代田区内神田1-6-6（MIFビル）〒101-0047　電話03(6273)7946　FAX 03(3518)0299　大阪市北区天神橋2丁目北2-6（大和南森町ビル）〒530-0041　電話06(6135)4050　FAX 06(6135)4059　URL http://www.skattsei.co.jp/

印刷：美研プリンティング㈱

■著作権法により無断複写複製は禁止されています。落丁本・乱丁本はお取り替えします。
■本書の内容に関するお問い合わせは編集部までFAX（03-3518-8864）でお願いします。

ISBN978-4-433-56991-4